通過率 84.6％ のプロが教える

資料作成

&

プレゼン

大全

株式会社◯◯

亀谷誠一郎

Kameya Seiichiro

大和出版

資料作成＆プレゼンが 苦手なあなたへ

「こんな資料ありえへん！」

　社会に出るのが嫌で、大学に5年も通ったのち、私が初めて作った資料は、この言葉とともに上司に投げられました。ひらひらと舞う自分の資料を見て、「社会って厳しいなぁ」と思ったものです。

　その後も資料作成の仕事はどんどん増えていったのですが、上司も先輩も、私が提出した資料にただだめ出しをするばかり。
　何が足りないのか？　どうすればいいのか？
　やり方を教えて欲しくても、**「資料の作り方なんて先輩の仕事を見て、数をこなして学ぶものだ」** と精神論でねじ伏せられていました。

　そのおかげで、私は社会に出てから10年以上、答えを模索しながら、早朝から深夜まで地獄のように働き続けることになります。
　自分で勉強するしかないので、資料作成やプレゼンの本を読み漁っては、試行錯誤しながら毎日資料作り。月に400時間以上働き、何万枚という資料を、倒れるまで作りました。これは大げさな話ではなく、業務に忙殺された私は、実際に心を病んでしまい、人生で2回倒れています。

「もう二度と資料なんて作りたくない」「プレゼンなんてやりたくない」と悩んだ時期もありましたが、私がそれでも仕事を続け、苦難を乗り越えた結果、得られたものは **「情報をまとめ相手に伝える」** 能力です。

資料作成やプレゼンと毎日格闘した結果、私は25歳でサイバー・コミュニケーションズ（現CARTA COMMUNICATIONS）の九州支社の立上げを1人で行いました。

　また、BBDO J WESTという広告代理店では海外事業のプロデューサーを1人で担当して上海事務室を立上げ、30歳で「売れるネット広告社」という会社の初期メンバーとして福岡、東京オフィスを立上げました。そして現在では、新しいアイデアを形にする「株式会社はこ」という自分の会社を持つことができたのです。

　私自身、大手のコンサルティングファームや、有名広告代理店の出身というわけではありません。また、フレームワークとか小難しいマーケティング用語も使えません。

　カッコよく仕事をしてきたわけでもなく、ただ泥臭く、地道に何を伝えればいいのかを考え、仕事をしてきただけの人間です。でも、だからこそ、**私だから伝えられる「資料作成＆プレゼンの本質」があると思い、今回この本を書かせていただくことになりました。**

　本書を手にとったあなたも、資料の作り方やプレゼンの仕方がわからず、さらには誰にも教えてもらえずに困っていたり、悩んでいたりしているのではないでしょうか？

　本書では、仕事における**「伝えるテクニック」**について、**「資料の考え方」****「準備の仕方」****「資料の作り方」****「プレゼンの仕方」****「クロージング」**まで、全体像をできるだけ"一連の流れ"として説明しています。

　まずはざっとでいいので、全体に目を通してみてください。

　世の中には多くの「資料作成の本」や「プレゼンテーションの本」といった技術を説明した本がありますが、実際の作業にあたって理解しなければならないのは、実はそれぞれの細かい技術ではありません。

まず理解しなければならないのは、その作業をやる目的と作業の全体像です。あなたがその作業を「誰のためにやるのか」、そして「なぜやるのか」という目的を明確にし、そのためにやらなければならない作業の全体像を、理解することが重要なのです。

　資料もプレゼンも、状況に応じて作らなければならないものは常に変わります。テンプレート通りにやればいいというものではありません。
　基礎を理解したうえで、たとえキレイではなくても目的にこだわり、提案するまでの流れを実践で徹底的に練習してください。

　本書では、「なぜそうすべきか」という理由を紐解きながら、第0章では資料作成とプレゼンを学ぶ心構えを、第1章から第7章では私が失敗しながら実践の中で培ったテクニックについて、できる限り具体的に書きました。
　資料もプレゼンも、小手先のテクニックだけを身につけたとしても意味がありません。相手に内容が正確に伝わり、納得してもらって、初めてその資料やプレゼンは意味を持つのです。言い換えるなら、何時間かけて作った資料も、何かしら次の行動に繋がらなければ、あなたの努力は1円の価値も生んでいないということなのです。

　本書を読んであなたが手にできることは、以下の通りです。

□やるべき作業の全体像が理解できます
□なぜ資料を作り、説明する必要があるのかがわかります
□資料作りのスピードがアップします
□プレゼン時に注意すべきポイントがわかります
□提案の通過率が上がります
□人生や仕事で、新しいことにチャレンジできるようになります

今、あなたが**資料作成、またはプレゼンが苦手だと感じていても、そ**れはあなたが悪いのではありません。

　その基礎を誰も教えてくれなかったのが問題だったのです。

　資料をまとめ、その内容を説明するというプロセスは、あなたの頭の中を整理し、相手に正しく内容を理解してもらうということです。

　人間が認知するまでの特性や脳の許容量を考えると、そこには正しい考え方やルールが存在しています。

　ビジネスを通じて、あなたがこの**「自分の頭の中を整理し、相手に正しく理解してもらうスキル」**を身につけることができれば、あなたは**仕事だけではなく、人生においても考えていることを実現する力をつける**ことができます。

　この本を通じて、あなたの悩みが少しでも解決し、あなたの資料やプレゼンから、多くのアイデアが世に出ることに繋がれば幸いです。

株式会社はこ　亀谷誠一郎

通過率84.6％のプロが教える 資料作成＆プレゼン大全

まずは「誰に」「何を」「どのように」
伝えるべきかを考えよう

伝わる資料を作り始めるための「7つの準備」

伝わる「文書」資料の考え方と作り方

「文書」と「スライド」どちらのほうが伝わるかを考える

文字だけで資料を作る際のメリット・デメリット

文書と仲良くなるために必要なのは「フォーマット」

文書に使う「言葉のルール」を統一する

「箇条書き」を使って、文書を整理する

必要のない「無駄な言葉」は省く

まずは、文章を書く抵抗感をなくそう

伝わる「スライド」資料の考え方と作り方

伝わる「グラフ」の考え方と作り方

第 6 章 ━━━━━━━━━━━━

心をつかむ「プレゼン」の 考え方と進め方

YESを引き出す
「クロージング」の方法

おわりに

実践＆経験を積めば、通過率100％も夢ではない!

本文デザイン／岩永香穂（MOAI）
DTP・図表／Isshiki(デジカル)

資料作成＆プレゼンは ビジネスにおける 必須スキル

資料作成＆プレゼンの目的を考えよう！

①	②	③
資料作りや プレゼンへの 苦手意識を なくそう	資料作成と プレゼンの 必要性を 理解する	まずは 基礎を身に つけよう

資料作成＆プレゼンが苦手になる 2大理由

まず、あなたに質問です。

そもそも、なぜ人は資料を作り、プレゼンするという作業に苦手意識を持ってしまうのでしょうか？

理由は2つあります。

1つは**「成果を評価されるのが怖い」**からです。「うまくいかなかったらどうしよう」「使えないやつと思われたらどうしよう」と自分の提案が評価されることに恐怖を感じてしまいます。

もう1つは、作業内容の詳細がわからない（教えてもらえない）ため、**「なんとなく難しそう」**と感じるからです。実際、ほとんどの会社では、資料を作ってプレゼンするという作業がどういうことなのか、誰も教えてくれません。「習うより慣れろ。社会人だったら、こんなのできて当たり前だ」というケースが大半だと思います。

「作成に時間がかかりすぎる」「言いたいことを上手にまとめられない」「資料を棒読みするプレゼンしかできない」――。
　ただでさえやり方がよくわかっていないのに、厳しい評価を受けてしまうと、さらに苦手意識が生まれ、無意識のうちに「できればやりたくない」「資料作りもプレゼンも、仕事ができる人のやることだ」という思い込みが生まれてしまいます。

人は無意識のうちに自分を作り上げていく生き物です。一度脳に「資料を作って、プレゼンするのは難しい。私には無理なんだ」という苦手意識を植えつけてしまうと、その恐怖からなかなか前に進めなくなってしまいます。

もし、このような状態にあなたが陥っているのであれば、まずは資料を作る、プレゼンをするということの本質を理解して、苦手意識を解消していきましょう。

安心してください。**資料を作りプレゼンするという作業は、ビジネスにおける一般的なコミュニケーションの1つです。**

どんな作業をやっているのか詳細を理解し、1つひとつポイントを押さえていけば誰にでもできるようになります。

今あなたができないのは、あなたが能力的に劣っているからではなく、誰からもやり方を習っていない、もしくはその練習をきちんと行っていないからできないだけなのです。

本書では1つずつ丁寧に考え方や練習の仕方をまとめていきます。やり方がわかれば、やっていることは自分が伝えたいことを伝えるだけです。ぜひ難しく考えずに「自分もできるようになる」という前向きな気持ちで読み進めてみてください。

ここがポイント！

作業の全容を紐解けば、資料作成＆プレゼンは怖くない！

なぜ「資料を作って、プレゼンする」必要があるのか？

　前の項目でもお伝えしたように、「資料を作って、プレゼンする」という作業は、その作業の内容以上に難しいものだと捉えられがちです。

　その理由の1つとして考えられるのは、「資料を作って、プレゼンする」という作業の全容が見えていないのに、ドラマやYouTubeで私たちが目にするのは、オシャレにまとまった資料をスタイリッシュにプレゼンする人たちばかりだからです。

　また、実際に資料作成やプレゼンをする立場になったとき、情報を求めて書店に足を運ぶ人もいるでしょう。しかし、棚には小手先のテクニックを集めた本ばかり並んでいるため、読んだとしても、実際にどこからどのように手をつければいいのか、わからなくなってしまいます。

　こうして、資料作りやプレゼンの全体像を理解せずに、イメージだけで苦手意識を持ってしまうと、「仕事だから……」とただの「作業」と捉えてしまい、そもそもの目的を見失ってしまうため、注意が必要です。

　資料作成とプレゼンは、相手に対して自分の意見を伝え、現状を報告するためのビジネスにおける大切なコミュニケーションです。
　伝えたい内容、伝えなければならない内容を相手に正確に伝え、理解してもらい、次のアクションに繋げてもらわなければなりません。

　そのとき、**相手に理解してもらうために準備するものが「資料」**であり、**資料だけでは伝わらない内容を説明するのが「プレゼン」**です。

　読んだほうが理解しやすい内容、広範囲に伝えたい情報は「資料」にまとめ、聞いたほうが理解しやすい内容、感情を伴って伝えたい情報は「プレゼン」していきます。

　もちろん、「資料」は内容や状況に応じて形式が変わります。
　具体的には図やグラフを使ってスライドにまとめたり、文章だけで書面にまとめたりします。
　当たり前ですが、直接説明できる場合と、説明できない場合でも、伝えられる情報量が変わるため、作り込む内容が変わります。

　「プレゼン」の手法も伝えたい内容と相手の状況によって変化しますが、ポイントは大きく**「説明」**と**「演出」**に分かれます。こちらは第6章で整理していきましょう。

資料を作り、プレゼンする目的とは

口頭では一方的な思いしか伝わらない

具体的な資料と効果的なプレゼンが相手を動かす

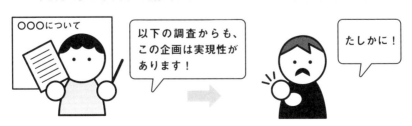

資料を作れること、プレゼンができることは、社会人にとって必須の
ビジネススキルです。とはいえ、スキルは練習なくして身につくもので
はありません。「楽にスキルアップしたい」という意識はここで捨てま
しょう。

　ピアノの経験がある人はわかるかもしれません。初心者では楽譜が
あっても、いきなり両手では弾けませんよね。右手を練習して、左手を
練習して、合わせて練習する……というように、1つひとつの作業を確
認していく必要があります。

　資料作成とプレゼンも全く同じで、多くのスキルが組み合わさってで
きています。まずは1つひとつのスキルを着実に身につけて、少しずつ
前に進んでいきましょう。

　繰り返しになりますが、**「資料を作って、プレゼンする」目的は、情
報をわかりやすく整理して、正しく相手に伝え、次のアクションに繋げ
ること**です。練習すれば誰でも上達します。小難しく考える必要はあり
ません。シンプルでも伝わるのであれば、シンプルであるに越したこと
はないのです。

　「ビジネスにおけるコミュニケーション」と言うと、堅苦しい、難しい
表現をしなければならないと考える人もいますが、その必要もありませ
ん。**自分自身が内容を正しく理解して、必要な情報を整理して、小学生
でもわかるくらいの表現で、相手に説明すればいいのです。**

　シチュエーションに合わせ、その時の「資料を作って、プレゼンする」
一番の目的はなんなのか、常に意識するようにしましょう。

次のアクションに繋げるために、必要な情報を整理しよう

競合との
差別化

シンプルな
表現

丁寧な
クロージング

これなら
できそう！

必要な
時間と手間

上司・決裁者・取引先

根拠を補足
するデータ

効果的な演出

メリット・
デメリット

提案者との
信頼関係

ここがポイント！

1つずつ練習を積めば、
誰でも資料作成とプレゼンのプロになれる！

資料作成&プレゼンは
複数のスキルの集合体！

　残念ながら、この本を読んだだけでは、いきなりカッコいい資料をまとめて、上手なプレゼンができるようにはなりません。
「読むだけで身につく！」——そんな魔法はこの世に存在しないのです。
　そこで本書では、泥臭くとも確実に、あなたの想いを正しく相手に伝え、次のアクションに繋げるためにやらなければならないことをまとめていきます。

　何ごともまずは基礎が重要です。基礎の意味を理解し、反復練習して、無意識に体が動くようにしなくてはなりません。
　サッカーであれば足元を見ずにパスが受けられる、バスケットなら手元を見ずに素早くドリブルができるなど、**「何ごとも基礎が正しくできるようになって、初めて自分を表現できるようになる」** という真理を押さえておいてください。

　資料作成もプレゼンも、複数のスキルの集合体です。初めのうちは、「説明するのに、いちいちこんなに手間をかけて準備する必要があるのか？」と悩んだりすることもあると思います。

　しかし、意味のない練習は1つもありません。すべてはあなたが伝えたいことを上司や決裁者、取引先に伝え、次のアクションに繋げてもらうためです。そのためにも、それぞれの基礎となるスキルを磨いていってください。やらないという選択肢はいつでも選べます。まずは投げ出さずにチャレンジしてみましょう。

　また、「資料を作って、プレゼンする」というスキルは、仕事だけではなくプライベートにも役立ちます。身につけるまでにはそれなりに時間がかかりますが、一生使えるスキルです。

「長年の夢を実現させたい」「上司を説得しなければならない」「意中の人に告白したい」――。

　情報をわかりやすく整理して、正しく相手に伝え、次のアクションに繋げることができれば、ビジネスでの課題はもちろん、自分の人生の問題も解決できるようになっていきます。

　この際ですから、仕事という環境を最大限に利用して、「資料作成＆プレゼン」のスキルが自分の武器となるように、育てていきましょう！

ビジネス、プライベートを超えてスキルを活用しよう

提案・説得・プロデュース・願望・告白　etc.

☐ 目的を決める
☐ 問題点を考える
☐ データを揃える
☐ 実行する内容を決める
☐ スケジュールを決める

自分の頭の中を正しく
相手に伝える

実現（次のアクション）に繋がる

ここがポイント！

**資料作成＆プレゼンのスキルは
人生においても大きな武器になる**

提案の通過率と信頼度の法則

　本書のタイトルで、私の紹介が「通過率84.6％のプロ」となっておりますが、この数字は2008年から2010年までの代理店時代のコンペの実績、13戦11勝からきています。

　この数字だけ見ると、私がとても資料作りが上手で、提案力のある人のように見えますが、実際はそんなことはありません。「はじめに」で書いていた通り、作った資料を投げられたり、毎日徹夜して通らない資料を作っていたりと、散々な目に遭っています。

　それはともかく、ここでは「84.6％」まで通過率を上げられた秘密をお伝えします。結論から言うと、実は代理店時代の後半は、勝てる可能性の高いコンペにしか出ていません。というのも、**「君にお願いしたい」と決裁者から直接お声がけをいただくようになったからです。**

　どういうことか、順を追って説明しましょう。
　2008年から私は、海外で仕事をしたいと思い、海外でのイベント開催やメディア招請といったPRの提案を中心に行っていました。
　しかし、始めのころは経験のない海外でのPR提案を上手にこなすことができませんでした。

　英語も中国語も話せない、現地にも行ったことのない私は、ただ「海外で仕事がしたい」という想いだけでひたすら情報を集めながら、資料

を作り続けていました。

　それが、一度提案が通り、実際に自分で海外へ行き、提案した内容を実行する経験を積むようになると、状況が変わってきます。

　実は、競合である周りの大企業の人たちも、提案はするものの、提案している本人に実際の現地感覚はなく、実務をこなした経験がなかったのです。

　その事実がわかってからというもの、私は企画から提案、実行まですべての作業を自分がやっているという強みを活かし、具体的な現場目線での提案を行うようにしていきました。

　その後、お客様からの圧倒的な信頼を勝ちとっていき、最終的には資料提出前に、「次の仕事も亀谷さんにお願いしたい」と言われる状況を作り出すことができたのです。

　つまり、**提案の通過率というのは、その人の実績からくる信頼度と比例しているということです。**

「資料がなくても、プレゼンがなくても、この人に頼めば大丈夫」という安心感を相手に持ってもらえさえすれば、依頼は成立します。

　社会人人生というのは、この「信頼度」を日々の業務を通じて、どこまで高められるかにかかっているのです。

　ビジネスというものは、始めはお互いのことがわからないので、その

溝を埋めるために、どうしても資料やプレゼンを通じて確認作業を行う必要があります。

　しかし、信頼と実績を積み重ねていくことができれば、面倒な工程を減らし、お互いにとって効率的でスムーズな提案ができるのです。

　信頼度が上がれば、詳細に資料を作り込まなくても自分の意見を通せるようになります。相手から指名でお願いされることも増えてきますし、自分で案件を選べるようにもなってきます。
　そうなれば、決定率はもはや100％です。

　資料を作り、プレゼンをするというのは、この信頼関係を作る道のりの第一歩だと考えてください。

　慣れないうちは大変かもしれませんが、資料を作り、プレゼンをするというスキルは、経験を積めば積むほど伸びていきます。さらに自分の提案した内容が実現するという経験を重ねることで自信がつき、資料や言葉にも厚みが出てきます。

　本書では、資料の作り方やプレゼンの仕方について書いていますが、作業ができるようになることが目的ではありません。目指すべき場所は、**「資料を出さなくても自分の言いたいことが伝わり、相手に選ばれる状況を作りだすこと」**だと、頭に留めておいてください。

　「決定率100％」は、スキルのある人にしかできないということではなく、全員が正しいキャリアさえ積んでいけば、目指せる目標なのです。

第 1 章

まずは「誰に」「何を」「どのように」伝えるべきかを考えよう

提案の前提条件を整理しよう！

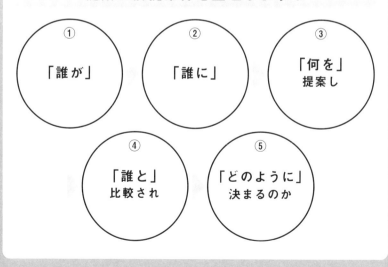

① 「誰が」

② 「誰に」

③ 「何を」提案し

④ 「誰と」比較され

⑤ 「どのように」決まるのか

あなたがパソコンを開く前に、まず考えなければいけないこと

この章では、資料作成の手順に入る前に、**「提案される相手の心を動かすために、何を準備しなければならないのか」**を確認していきます。

あなたは、「さあ、資料を作ろう！」と意気込んでも、思考が漠然としたまま一向に手が進まない……といった経験はありませんか？

会社でも、パソコンの前で長時間フリーズしている人をよく見かけます。原因は、資料を作る**「前提条件」**が整理できていないのに、パソコンを起動しているからです。

資料作りを始める場合、何も決めずにパソコンの前に座ってはいけません。効率的に進めるためにも、まずは提案を取り囲む**「全体像」**を理解することが重要です。

資料作成とプレゼンは、ビジネスにおけるコミュニケーションだと書きました。このプロセスを因数分解してみると、**「誰が」「誰に」「どう伝え」「誰と比較され」「どのように決まるのか」**に細分化されます。

「そんなの当たり前だよ」と感じるかもしれませんが、この当たり前なことをおろそかにしている人が多いのです。これら前提条件を、作業に入る前に必ず確認する習慣をつけましょう。ここを頭の中で整理するだけで、資料作成のスピードは格段に上がります。

あなたが相手に伝えたいこと、伝えなくてはならないことは何なのか、その情報を伝えて、どのような変化を期待するのか、ということが理解できれば、アプローチの仕方が見えてきます。

これは本当に大切なことなので、しっかり胸に刻んでおいてください。

パソコンに向かう前に考えること

❶ 「誰が」 提案の主語は誰なのか

❷ 「誰に」 伝えるべき相手は誰なのか

❸ 「何を」 伝えなければならないのか

❹ 「誰と」 この提案は誰と比較されるのか

❺ 「どのように」 決定まで至るのか

前提条件が整理できたら
パソコンに向かおう

ここがポイント！

あなたが誰に何を伝えたいのか、
まずは全体像を整理する

「誰が」を明確にするだけで、
提案はわかりやすくなる

あなたの作った資料──。
その**「主語」**が誰になるのかを、考えたことはありますか？

「私が作っているんだから私でしょう」と思われるかもしれません。
　しかし、日本語は主語を省略しやすい言語です。主語がわからないことによって、予期せぬ誤解が生まれる可能性は多いにあります。

　実際、主語が不明確な提案は日常茶飯事です。
　たとえば、「最近、社内が汚いから、もっと掃除してキレイにしよう」と誰かが提案したとします。あなたがこの提案を聞いたとしたら、どう思いますか？「で、誰が掃除するの？」と思いませんか？

　この提案自体は正しいかもしれませんが、きっと翌週もオフィスは散らかったままでしょう。では、どのように呼びかければよかったのか。

　答えは、**主語を明確にすればいい**だけです。
「最近、社内が汚いので、朝、"私が"ゴミ拾いします。よかったら一緒に掃除しませんか？」となれば、行動の主体が明確ですし、次のアクションも把握しやすくなります。

　特に社内における資料とプレゼンでは、主語の基本はやはり**「私」**です。
「私が責任を持って提案するんだ！」という意識を常に持っておかないと、通過しても、次のアクションを"自分ごと"として捉えられずに、

業務に追われるまま、いつの間にか忘れてしまうことになるでしょう。

　次に、外部関係者や取引先に提案するときの主語を考えてみましょう。提案に応じて、**「私が」** の場合も **「会社が」** の場合もあります。

　主語の使い分けによって、「発端はどこなのか」「責任の所在はどこなのか」など、提案のニュアンスやスケールが変わってきます。臨機応変に主語を変えて資料を作りましょう。

　なお、チームで仕事を進める場合は、あなたの資料を使って営業マンが提案に行くかもしれません。その場合、主語はその「営業マン」でなければなりません。

「誰がその作業をやるのか？」という主語の見えない提案は、イメージが湧きにくく、相手の心を動かすことができません。
　提案時にはそれぞれの動作の主語を明確にして、省略せずに正しく相手に伝えることを意識しましょう。

ここがポイント！

提案する際の「主語」が誰なのかを常に意識しよう

「誰に」① 相手の知識レベルに合わせて、提案する内容を変える

　当たり前ですが、コミュニケーションは相手がいて初めて成立します。
　したがって、あなたの提案を理解してもらうためには、相手を理解することも重要です。

　ここで解説したいのは、**相手の知識レベル**についてです。自分のアイデアや企画について、上司や取引先、またはお客様がどれだけの知識や背景を把握できているのか、事前に理解しておく必要があります。相手の知識レベルの程度によって、あなたが用意すべき資料もプレゼンの内容も変わってくるからです。

　私は普段インターネット広告を中心に取り扱っているため、相手のネットリテラシーに合わせて、説明で使う言葉のレベルには特に注意を払っています。
　内容を正確に伝えるためには、専門用語をかみ砕いたり、小難しい技術や業界特有の考え方については、補足して説明しなければなりません。

　そもそもの背景がわからないままでは、提案される側も正確な判断ができません。また、知らない用語はノイズにしかなりませんので、聞く気が失せてくる人もいるでしょう。「自分の中では常識だから」と決めつけたりせずに、必ず相手の知識レベルについて一度考えましょう。

　これは、逆の場合もあります。
　相手のレベルが高い場合、知っていること、常識的なことをダラダラと説明してしまうと、「見くびられているのかな？」と感じさせ、悪い

印象を与えてしまうことがあります。

　資料を読んでもらい、プレゼンを聞いてもらう一連の流れは、準備した自分の時間だけではなく、相手の時間も大いに奪います。

　わかりにくい、または冗長な資料やプレゼンが続くようでは、「この人の提案を聞くこと＝時間の無駄」と思われかねません。

　相互理解を得ながら進行できるように、相手のレベルを想像しながら資料を作り、プレゼンでは相手の表情やしぐさも確認しながら、説明の度合いを臨機応変に変えていきましょう。

相手によって提案方法を変える

相手に知識がない場合

前提から順序立てて説明する

まず、こうしたニーズが昨年より高まっており…

丁寧でわかりやすい！

相手に知識がある場合

結果から端的に話す

この施策なら効率が1.2倍改善します！

結論が明確で判断しやすい！

ここがポイント！

相手の知識レベルに合わせて
資料や提案する内容を見直そう

「誰に」②
相手の性格は把握できているか？

　相手の知識レベルが確認できたら、次に確認するのは**相手の性格**です。**なぜなら、相手の性格によっても資料の方向性やプレゼンの手法が変わるからです。**ここで言う性格は個人の場合もありますし、会社の場合もあります。

　個人の性格をざっくり分けてみると、以下のタイプが多いのではないでしょうか？

①情熱を持って仕事をしているタイプ
②いつも忙しくて、せっかち、短気なタイプ
③失敗を恐れ、慎重で保守的なタイプ

　①情熱を持って仕事をしているタイプであれば、「なぜこの提案は生まれたのか」というストーリーと、「あなたと仕事がしたいんだ」という意思を明確に表さなければなりません。熱意の伴わない資料やプレゼンは嫌われてしまいます。

　②いつも忙しくて、せっかち、短気なタイプには、多くの資料を用意するよりも、判断に必要な要点だけをまとめた資料を準備するべきです。結論を先に伝え、簡潔に説明したほうが喜ばれるでしょう。

　③失敗を恐れ、慎重で保守的なタイプは、実際の事例を好みます。提案への不安感を払拭するためにも、「他社でもこんなにうまくいきまし

た」「類似商品が大きくヒットしています」など、サンプルを準備して提案の補強を心がけてみてください。

　会社の性格については、**「企業文化」**の把握を忘れずにしておきましょう。社内と社外どちらにせよ、文化を無視した提案は敬遠されがちです。

　大きな企業の場合、**提案する相手が決裁者ではないと、あなたの資料は提案後に社内の決裁プロセスを一人歩きします。**

　その際に取引先の企業文化が保守的であれば、信頼度を上げる必要があります。

　自社の実績や功績のまとめを入れておく、データの裏付けや成功事例を集め、安心感を演出するなど、その会社の決裁において重視されるであろう情報を入れておく工夫が求められるでしょう。

　また、大きな企業でよくあることですが、提案が決まった際に担当者は結果を上司にレポートするという業務があります。このようなケースでは、提案の段階から担当者が楽になるように、その後のレポート形式までヒアリングして、それに合わせた情報を提供できるようにしておくと喜ばれます。

　常に相手への配慮を忘れない人になれば、次の提案も通りやすくなるでしょう。

ここがポイント！

相手の性格に合わせて、必要な情報を準備する

「誰に」③
相手との信頼度を計算できているか?

　提案する相手との信頼関係は、提案時にかなり重要なポイントとなります。なぜなら**相手との信頼関係が築けていればいるほど、多くの資料を準備して提案しなくても、相手はあなたの提案を受け入れてくれるようになるからです。**

　あなたが何か買い物をする場面を想像してください。
　自ら吟味して商品を買う場合と、友達にオススメされた商品を買う場合では、商品について調べる量が違いませんか?
　「あいつが言うのだから、きっといいに違いない……」と、購入までのハードルがグンと下がるのではないでしょうか?

　人は「信頼できる人が言っていることは、信頼できる」と感じてしまう生き物です。その傾向はビジネスではより顕著で、会社や個人の実績で提案の信頼度は大きく変わり、決定率も左右されます。
　たとえばベンチャー企業が他社に提案する場合であれば、提案に入る前に、まずは相手から「信頼してもよさそうだ」と思ってもらうために、自社の実績などの信頼してもらうための説明がいるでしょう。
　一方で、長年多くの仕事をともにし、結果を出し続けていれば、細かい資料や説明がなくても、その信頼だけで提案が採用されるようになっていきます。
　同じ会社の中でも、一緒の部署にいたり、プロジェクトで関わったことがあったりする人というのは、どこか安心感があるものです。
　資料もプレゼンも基本は提案する/されるの関係ですが、最終的には

同じゴールを目指すという**信頼感**や**連帯感**も重要になります。

　強固な信頼関係の構築は短期間では築けません。時間をかけて着実に実績を積む必要があります。

　いずれにしても、相手の信頼度を事前に高めておけばおくほど、その後の提案を通すための工数の削減が狙えますし、シンプルに決定率が上がっていきます。

　この点は社会人としてキャリアを築いていくうえでも重要なポイントとなってきますので、普段の業務だけではなく、SNSなどの関わりも通じて、自分の信頼度を高める工夫をしてみてください。

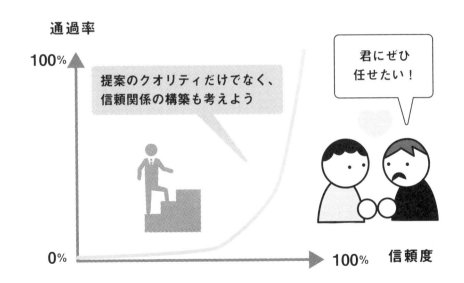

信頼度と決裁率の関係

通過率

100%

提案のクオリティだけでなく、
信頼関係の構築も考えよう

君にぜひ
任せたい！

0%　　　　　　　　　　　　　　　100%　信頼度

ここがポイント！

相手との信頼関係に応じて、提案内容は変わる

「誰に」④
相手が使う「時間」を考えているか?

提案において、**相手が得るメリット**を伝えることはもちろんですが、**相手のデメリット**になることも事前に想定し、不安を解消しておく必要があります。

相手があなたの提案を聞いているときに、最も気にかけていることとは何でしょうか?

それは、提案内容よりもその提案を実現させるために、どれだけの「時間」をかけなければならないのか、時間をかけてまでやる必要があるのかということです。

ビジネスパーソンは誰しも何かしら目標が設定されており、限られた時間の中で最高の成果を上げるため、日々業務に取り組んでいます。

そして、ほとんどの人が業務時間いっぱいまで仕事をし、余らせている時間があることはほぼありません。

提案をするときに、意外に注意しなければならないのがこの点です。

どんなにビジネスにおけるメリットがあったとしても、相手の中で時間を割り当てる優先度が上がらなければ、実行に向けて動き出すことはありません。

人はたとえどれだけ予算があったとしても、「時間」の問題が解決できなければ先には進めないのです。

一番いい提案は、相手に手間をかけさせずに、大きなリターンを与えら

れることですが、そんな都合のいい提案はめったにできません。

　あなたがやる作業と、相手にお願いしてやってもらう作業をつまびらかにし、具体性を持って、**「時間をかけてでもやるメリットがある」**ことを伝えられるようにしましょう。

　ここで重要となるのが、**相手の業務状況を把握しておくことです。**

　上司の会議が多い曜日、取引先が繁忙期となる季節など、ちょっと調べておくだけで、決定率は変わってくるかもしれません。

　「相手の状況がそこまでわからない……」というケースであれば、提案の中で相手の負担を減らせるように、相手の立場に立って話す意識を持って提案してみてください。

相手のスケジュールに、新たに挟み込む余地があるか

社会人はみんな忙しい

打ち合わせ

会議

メール

休憩

空いてる時間あったかな？

ここがポイント！

どんな魅力的な提案も、
相手の時間がなければ成立しない

「何を」伝えれば効果的か、
「相手目線」で考える

「資料作成が苦手」「プレゼンが苦手」という人は、相手に**「何をどう伝えなければならないのか」**が、突き詰め切れていないことが多い気がします。

　具体的には、**なぜこの提案を今する必要があるのか、そして相手にどう動いて欲しいのか、ということに想像力を働かせなければなりません。**

　あなたがチームの売上を上司に報告しなければならなかったとします。このとき、あなたが伝えるべき情報は何でしょうか？
「今月の売上は500万円でした」──これだけで報告と言えるでしょうか？
　報告を受ける上司がどんな情報を欲しているか想像してみましょう。「目標は何％達成できたのか？」「どうして500万円だったのか？」「来月の見込みはどうなるのか？」など、先ほどの報告では多くの疑問が生じてしまいます。

　また、社外に対して商品を提案する場合でも、「うちの石鹸は評判がいいので契約してください」だけでは、相手はその石鹸を買うかどうかを、決められません。
　あなたがお客さん側だったら？
「ほかの石鹸と何が違うのか？」「汚れの落ち具合は？」「ほかと比べて価格は安いのか？」など、今あるものと比較して、その石鹸のアドバンテージはどこにあるのか、検討するための情報が欲しいと思うでしょう。

　資料もプレゼンも、自分の想いを乗せただけでは相手に届きません。相手が欲する情報を予想し、次のアクションに繋げるための導線を確保しなければならないのです。

　提案する際に、「誰が」と「誰に」が明確になっていれば、「何をどう伝えるか」がより具体的に考えられると思います。
　相手が疑問に思うことは何か、自分に期待していることは何か、ということを丁寧に紐解き、伝えるべき内容を精査しましょう。

相手の欲しい情報を考えた資料を作ろう

なぜこの提案をするのか

他社と比べてどんな利点があるのか

あなたの資料

コスト的なメリットはあるのか

今の作業がどれだけ楽になるのか

ここがポイント！

相手の目線に立って、「何を」伝えるべきかを考える

「誰と」
自分の提案は比較されるのか？

　資料もプレゼンも、必ずどこかのプロセスで何かと比較検討され、「優れている」と確認されたうえで、最終判断に至ります。

　孫子の兵法でも「敵を知り、己を知れば百戦危うからず」という教えがありますが、ビジネスでも全く同じことが言えます。**事前に「誰と」比較されるのかを確認し、その力量や大事にしているテーマを想像して、分析することによって、内容や演出を考えます。**

　大原則は、課題に対してまっすぐ向き合った提案をぶつけることです。

　これが提案される側にとっても、一番わかりやすい提案になります。**ただし、社内でも社外でも、ほかの案と似たような提案になってしまった場合、どちらが決まるかは、お互いが持つ実績と信頼度で決まります。**

　残念なことに、比較される相手があなたよりも実績や信頼度で勝っている場合、同系統の提案では絶対に勝てません。

　もし、格上だと思う相手と比較検討される場合は、相手よりも自分の提案のほうが強く見える工夫をする必要があります。

　熱意を込めてみる、子細に渡って情報を多く網羅する、相手とはあえて違う方向で提案してみるなど、同じ土俵で比較されないように、資料作りやプレゼンに変化をつけなくてはなりません。

　相手と角度を変えて提案を行う際は、その提案を予測して、相手の足をすくうような要素を準備しておくべきです。

　たとえば、敵が王道の提案をしてくるようであれば、こちら側はあえ

て王道を批判するような提案を考えます。

「現在の数字の落ち込みは、今までと同じようなことをやっていても変わりません。本当に業績の回復を狙いたい、大きな躍進を遂げたいのであれば、慣例を疑うことから始めませんか？」

といったふうに、相手の提案を牽制しにいくのも1つの手です。

しかし、提案される側からすれば、最終的により良い結果になることがベストですので、結果に繋がらない奇策に走りすぎても意味がありません。

競合をしっかり分析したうえで、自分の提案が勝っている点をあぶり出し、どうすれば強みをアピールできるのか、工夫を凝らしましょう。

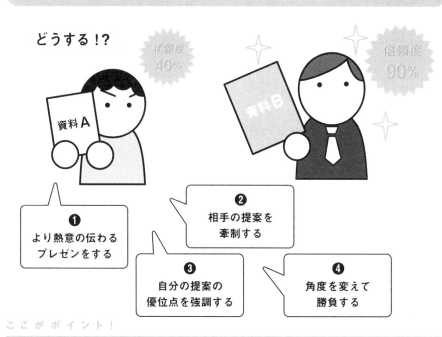

誰 と 比 較 さ れ る か で 、 作 戦 は 変 わ る

どうする！？

信頼度 40%

信頼度 90%

資料A

資料B

❶ より熱意の伝わる プレゼンをする

❷ 相手の提案を 牽制する

❸ 自分の提案の 優位点を強調する

❹ 角度を変えて 勝負する

ここがポイント！

比 較 検 討 さ れ る 相 手 の 提 案 を 予 測 し て 、
自 分 の 提 案 を 考 え よ う

「どのように」
提案の最終決定はされるのか？

最後に**「提案が『どのように』決まるのか？」**を考えます。
ここも意外と重要です。主に以下の5つが考えられます。

①提案する相手が決裁者で、その人が OK を出せば決まる
②提案する相手が上長に確認を取り、上長が OK を出せば決まる
③提案後、社内で議題に上がり、その会議の中で決まる
④提案後、プロジェクトチーム内の多数決で決まる
⑤提案後、一次選考があり、数回の選考を経て決まる

①のようにダイレクトにいけるのであれば、「どう提案するのか」という工夫をその人だけに向ければいいので、方向性も定めやすく、提案自体はスムーズにできます。

②のようにさらに上に決裁者がいる場合は、いかに提案する相手を仲間に引き込み、決裁者がどんな人でどうすれば決まる可能性が上がるのか、可能な限りヒアリングを行いましょう。

③のように後ほど議題に上がるのであれば、社内の力関係や派閥などを鑑みて、過半数以上の得票を得るための作戦を考える必要があります。

たとえば、大きなメーカーの新商品の広告提案をするときには、決定権を商品開発チームとマーケティングチームの両方が持っているケースがあります。この場合、会社によってどちらが強い決定権を持っているかを考えておかなくてはなりません。

商品開発チームのほうが強いのであれば、「いかに効果的にその商品

の魅力が伝わるか」、マーケティングチームであれば、「いかに提案の費用対効果が大きいか」など、それぞれに刺さるように提案内容をアレンジしましょう。

資料作成もプレゼンも、次に繋げて初めて意味をなす作業です。ただ資料を作っただけ、プレゼンをやりきっただけでは1円にもなりません。

自分が投資する時間を無駄にしないためにも、**「誰が」「誰に」「何を」**提案して、**「誰と比較され」「どのように」**決まるのかということを、より深く考えてみてください。**小手先のテクニックを学ぶよりも、ずっと決定率は上がってくるはずです。**

どのように決まるのかを考える

決裁者が一人の場合	多数決で決まる場合	複数の選考がある場合

その人が欲する点を汲み取る	力関係や派閥を考慮する	選考過程に合わせた資料を作る

ここがポイント！

決定までのプロセスを確認して、勝ち筋を見定めよう

全体像から詳細へ。
新しいことの始め方

　何か新しいことを始めるのが苦手な人は、タスクの整理整頓が苦手な
ケースが多いような気がします。「何かを始めたいけれど、どこから手
をつけていいかがわからない。だから始められない」という人です。

　そこで、このコラムでは**「新しいことの始め方」**について少し書いて
みたいと思います。**新しいことを始めるのも、そのために何か提案する
のも、思ったより難しいことではありません**。ただ、全体像の把握が少
し面倒なだけなので、そこの意識を変えてみてください。

　まずは、わかりやすく**「カレー作り」**を例にして考えてみましょう。

　今日、あなたは「晩御飯にカレーが食べたい」と思ったとします。カ
レーを作るためには、材料と器具が必要です。材料は水、カレー粉、た
まねぎ、にんじん、じゃがいも、お肉、お米。器具としては包丁、まな
板、お鍋、炊飯器、お皿、スプーンが必要になります。

　材料と器具が揃ったら、次は料理の工程を調べて確認し、材料に合わ
せて包丁で切り、炒めます。お鍋にお水を入れて、ひと煮立ちさせて、
最後にカレー粉を入れます。併せてご飯を炊いておきましょう。ご飯が
炊けて、カレーができたら、お皿に盛りつけて、カレーをかけたらでき
上がりです。

でき上がったものを食べて、おいしかったとか、次はお肉を鶏にしてみようとか、包丁を使う練習をしてみようとか、今回の反省点をまとめ、次はこうしてみようという新しい目標を立てるのではないでしょうか?

　今のカレーを作るという工程で、どのように頭が働いているかを考えてみると、下記のようになります。

【目的】今晩カレーが食べたい
　　↓
【材料】と【器具】と【作り方】が必要
　　↓
【材料】
　水、カレー粉、たまねぎ、にんじん、じゃがいも、お肉、お米
　　↓
【器具】
　包丁、まな板、お鍋、炊飯器、お皿、スプーン
　　↓
【スケジュール】今晩食べるから、18時から作ろう
　　↓
【作り方】
　材料を切る⇒炒める⇒煮る⇒カレー粉を入れる⇒ご飯にかける
　　↓
【結果】おいしいカレーができる

　目的に対して、必要なものを因数分解して、その詳細を埋めていくイメージです。プライベートや仕事で、何か新しいことを始めるのも、こ

の「カレーを作る」とやるべきことは何も変わりません。

　新しいことを始めるのが苦手な人は、この**ゴールまでの道のりの因数分解を苦手にしているケース**が多いです。具体的には、ゴールまでの道のりの確認をやらずに、目的に対して1つずつ下から積み木を積み重ねるように進んでいってしまう傾向があります。しかし、全体像の整理をしておかないとゴールが見えてきません。いつまで経ってもゴールが見えてこないと、モチベーションを維持するのが難しくなり、諦めてやめてしまいます。

　何かを始めるために資料を作るという作業は、このカレーの作り方を確認することとほぼ同じです。頭の中でぼんやりとやりたいことを考えているだけでは、ゴールまでの明確な道筋が見えてきません。

　まずはざっくりとでも資料として全体像をアウトプットしてしまえば、ゴールに向けての道筋がはっきり見えてきます。**ゴールが見えてくれば、あとは不明点を確認し、決められた道に沿って前に進むだけです。**

　全体像をざっくり把握して、詳細を詰めていくという考え方は、練習によってどんどん身についていきます。新しいことを始める際は、「難しい」「面倒だな」と考えるよりも、まずは大枠をざっくり考えて、詳細に落とし込んでいくようにしてみてください。
「できない」と思っていたことも、意外にできることがわかると思います。

第2章

伝わる資料を
作り始めるための
「7つの準備」

提案の前提条件を整理しよう！

① 全体像を把握する

② 形式を確認する

③ スケジュールを決める

④ 全体をざっと書く

⑤ 誰かに話す

⑥ 足りない情報を集める

⑦ フォーマットに流し込む

人に伝えるための
「3つの情報」とは？

　第1章で説明したプロセスをたどることで、伝えるべき道筋が見えてきました。ここで、企画やアイデアに自信がある人であれば、「資料作りに時間をかけるくらいなら、さっさと口頭ですませて案件を前に進めたほうがいいんじゃないか？」と思うことがあるかもしれません。

　私もそう思っていた時期がありました。ただ、経験が伴わないままこの思考に陥ることには、大きなリスクがあります。

　人は思いのほか自分のことが見えていないものです。どんなに理解し、分析し尽くした気になっていても、脳内で無意識に補完している部分が多くあって、いざ説明すると実は穴だらけ……ということにもなりかねません。

　また、口頭のみの提案では、提案される相手もすべての内容が咀嚼できず、具体的なイメージを持って判断できません。そこで必要になるのが「資料」です。

　資料としてアウトプットすることで、脳内の情報は初めて世に出てきます。あなた自身も初めてそのアイデアを客観視できる状態になり、実際の情報の質を判断できるようになるのです。

　資料の鍵は**「いかに伝えたい情報を正確に相手に伝えられるか」**です。

　そのためには、まずは自分が考えていることを正しく把握し、相手に正確に伝える方法を模索しなければなりません。

　「メラビアンの法則」をご存知でしょうか？

これは心理学者アルバート・メラビアンが「人はコミュニケーションをとるときに、どんな情報に基づいて印象を決定しているのか」ということを検証し、その割合を示したものです。

　結果は下図の通りです。資料を作成するという作業が必要な理由は、まさにここにあります。

　自分にどんなに伝えたいことがあったとしても、**「聴覚情報」と「言語情報」だけでは45%程度の力しか引き出せません。**「視覚情報」にも訴えかけるためには、資料として客観的に見える状態にしておく必要があるのです。

「口頭で伝わりきらないことは何か」を考えるだけでも、資料作成の効率は大幅に上がります。

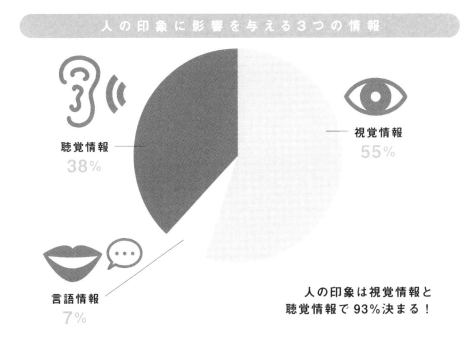

人 の 印 象 に 影 響 を 与 え る ３ つ の 情 報

聴覚情報
38%

視覚情報
55%

言語情報
7%

人の印象は視覚情報と
聴覚情報で93%決まる！

ここがポイント！

人 の 印 象 に 最 も 影 響 を 与 え る の は 「 視 覚 情 報 」

資料作成の準備①
「提案の全体像」を把握する

　さて、この項目では「**資料作成の準備**」を説明していくことにしましょう。おおまかに言うと、資料は右図のような順序で作成します。

　準備の第一歩は「**形式確認**」と「**スケジュールを組む**」ことです。
　ここをおろそかにしてしまう人は、突然の作り直しが発生したり、提出がギリギリになったり、といった経験があるのではないでしょうか？
　まずは注ぎ込んだ努力が無駄にならないように、与件（与えられた条件）とスケジュールを必ず確認しましょう。

　そこから内容を整えていくのですが、脳内に浮かんだアイデアは、まだいいアイデアかどうかはわかりません。
　先ほどお話ししたように、人間の頭の中にあるものは漠然としていることがほとんどですので、**アウトプットを繰り返すことによって、資料として具現化**していきます。

　1つひとつの作業はちょっとした雑務みたいなものですが、身についたら、ほかの業務にも応用が利くスキルです。とりあえず、身体に染み込むまでは順序に合わせて進めることをオススメします。

前提条件の確認

形式を確認する

スケジュールを組む

伝えたい内容をテキストに書き出す

Output
1回目

内容の確認

伝えたい内容を誰かに話す

Output
2回目

足りない情報を補完する

資料のフォーマットに落とし込む

Output
3回目

資料作成開始！

ここがポイント！

全体像を理解して、1つずつ作業を確認していけば、
資料作成はいたってシンプル

資料作成の準備②
提出する資料の「形式」を確認する

　提出する資料の形式をいちいち確認するのって、意外とめんどうですよね。実際、**「文書か、スライドか？」「紙のサイズは？」「枚数に制限は？」「印刷する際は白黒かカラーか？」「口頭説明はできるのか？」**などなど、資料を作成する前には確認しておく内容が多々あります。

　具体的に把握しておいてもらいたい形式・条件は右図の通りです。日常的な資料作成においても、意外と確認しきれていない点があることと思います。

　昔、学校のテストで「名前を書き忘れたら0点ですよ」と言われたことはありませんか？　往々にして、提出物には何かしらルールが存在します。まずはそのルールを守らないと、評価すらしてもらえません。せっかく時間を捻出して作った資料が、ささいなチェック不足で正しく評価されないのは、とてももったいないことですよね。

　また、社内での提出物によく見られるケースですが、「提出する形式について規定はない」とされていても、実は**「暗黙のルール」**としてフォーマットが存在している場合もあります。

　資料を提出する際、上司から形式を指定されていない場合は、自ら確認をするか、過去の提出事例を参考までに見せてもらうといいでしょう。
　さらにブラッシュアップしたい場合は、**「このように体裁を変えて提出しても大丈夫ですか？」**と確認をしておくと確実です。

対社外でも、尻込みせずに形式を事前に確認するようにしましょう。

私は一度、官公庁の資料提出で「スライドは縦のみ」という記載を前日まで見逃してしまい、締め切り間際に徹夜して作り直した苦い思い出があります。

自分の会社のルールや慣例が、他社でも常識であるとは限らないので、ここでも相手への配慮を忘れないようにしましょう。

最近では、amazonのように「Power Pointでの資料はNG」とか、「箇条書きの資料はNG」など、効率重視で資料作成のルールを細かく設けている会社も増えてきています。

せっかく作った資料がルール違反で「0点」にならないように、提出する資料の「形式」には注意してください。

資料作成で注意する形式

- [ ] データのフォーマット
- [ ] データの容量上限
- [ ] 資料の枚数上限
- [ ] 用紙のサイズ
- [ ] 縦書きか、横書きか
- [ ] 印刷形式、保存形式
- [ ] プレゼンの有無
- [ ] プレゼンの時間上限
- [ ] プレゼンの順番

ここがポイント！

**対社内、対社外のいずれの場合でも
提出する資料の「形式」の確認を忘れずに！**

資料作成の準備③　「スケジュール」を決めて、「やる気スイッチ」を入れる

「形式」が確認できたら、「スケジュール」を組んでいきましょう。

　人間のやる気が出る順番は「やる気がある⇒だからやる」ではなく、「やり始める⇒やる気が出る」という順番です。

　面倒な掃除も、いざ始めたらついついやりすぎてしまうことがありますよね。小さなことからでもいいので、まずは何かしら着手していくことが重要です。

　「資料を作るぞ」と言うのは簡単ですが、内実は面倒な作業の塊です。**スケジュールを決めないままでは、いつまでも作業は思うように進みません。まずは日程を定め、自ら「やる気スイッチ」を入れましょう。**

　スケジュールを考えるときに注意してほしいのが、「8月24日までに資料をまとめる」というようにざっくり立ててしまうと、何の作業も具体化できていないため、ぼんやりと時間だけが過ぎてしまいかねないということです。右図を参考に、詳しく決めていきましょう。

　大切なことは、タスクをしっかり因数分解して、やるべき作業を細分化することです。着手しやすいレベルまでタスクをかみ砕いてしまえば、「面倒だな……」と思う心理的なハードルも下がります。

　私の場合、「まずはスケジュールを立てる」というタスクだけは最初に終わらせることにしています。その際、この作業はできるだけ気軽なツールで行うようにしてください。Excelなどでキレイに作ろうとすると、それだけで時間がかかってしまいます。

　私はメールにざっとタスクとスケジュールを書き出して、自分に送るようにしています。もっとコミット感を出したい人は、その日程を上司や決裁者、チームのメンバーと共有してしまうといいでしょう。

　最近であればSNSで「やるぞ！」と宣言するのも有効です。いい結果に繋げるためにも、後に引けない状況を作り出してしまいましょう。

　人の脳は単純で、業務を始めるまでは作業負荷ばかりに目が向いてしまって、「いつまで後回しにできるか」ということばかり考えます。ただ一歩前に出ると、途端にその作業の方向に頭はフル回転し始めます。

　スケジュールを決め「やる気スイッチ」を入れ、いつでも動き始められるビジネスパーソンになりましょう。

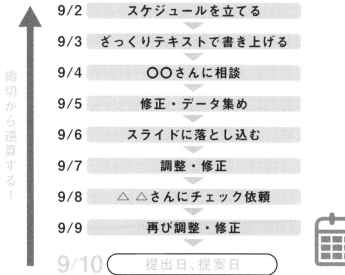

まずはざっくりスケジュールを立てる

9/2	スケジュールを立てる
9/3	ざっくりテキストで書き上げる
9/4	○○さんに相談
9/5	修正・データ集め
9/6	スライドに落とし込む
9/7	調整・修正
9/8	△△さんにチェック依頼
9/9	再び調整・修正
9/10	提出日、提案日

締切から逆算する！

ここがポイント！

やるべき作業を細分化して、スケジュールを決めれば、
自然と「やる気スイッチ」が入る！

資料作成の準備④
「伝えたい内容」をざっと書き出す

　スケジュールを立てたら、頭の中にある**「伝えたい内容」**をざっとテキストにまとめます。文章として書き連ねるのではなく、気楽に要点だけを最初から最後まで書き上げることを心がけましょう。

　この段階ではパソコンだけではなく、**スマホ**も活用していくことをオススメします。机の前でかしこまったりせずに、ささっと空き時間に書いてしまえるとスマートです。**その際には、google keep や ever note など、パソコンと同期できるメモアプリを使って書くといいでしょう。**

　この本を読んでいる人は、本来の業務と並行して作業を進めなければならない人がほとんどで、「資料を作る時間なんてない！」と日頃から思っているのではないでしょうか。
　私もそうでしたが、ちょっとした時間で資料の全体像を固められるようになれば、この問題は意外と簡単に乗り越えられます。

　通勤時間や移動時間、休み時間などを使って、ちょっとずつでいいので、「伝えたい内容」の全体像を書いてみてください。

　編集は後で見直したときにすればいいので、丁寧にまとまっていなくても構いません。完璧に書こうとはせずに、思いついた内容をどんどん書き出していきましょう。

　テキストとしてアウトプットを進めるだけでも、次第に**「自分が何を**

考えていて、何を伝えたいのか」が明確になり、頭の中が整理されていくはずです。

　実際にやってみるとわかりますが、**アウトプットの力は実に偉大です。自分が本当はわかっていなかったことも、書き出しているうちにどんどん浮かび上がってきます。**

　もちろん、見直しをしてみたら、足りない部分、わからない部分、流れのおかしい部分があるかもしれません。でも、そんな場合は、また考えればいいのです。

　ほとんどのアイデアは可視化しないと、すぐに忘れ去られてしまいます。浮かんだことはすぐに書き出すクセをつけておきましょう。

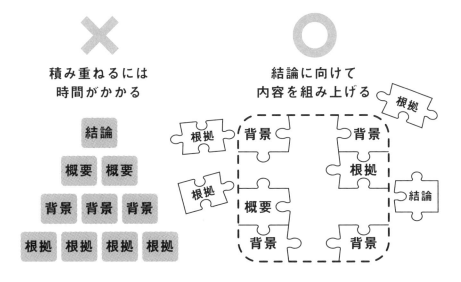

積み木を積むのではなく、パズルを組み立てるイメージ

❌ 積み重ねるには
時間がかかる

⭕ 結論に向けて
内容を組み上げる

ここがポイント！

ざっくりでいいので、まずは「アウトプット」してみよう

資料作成の準備⑤
「伝えたい内容」を「誰か」に話す

　自分の考えを書き出して、なんとなく資料の全体像が決まったら、次はその内容を一度**「誰か」**に話してみましょう。

　まずは気軽に相談できる人がいいです。同僚とのランチでもいいですし、ミーティング直後に上司に声をかけてみるのでもいいでしょう。

　自分の考えていることが相手にどれだけ伝わるかを確認してみてください。

　このときに確認したい点は、以下の3つです。

①理論が破綻していないか
②流れはスムーズか
③わかりにくい点がないか

　この際、まとめたメモをそのまま読んだり、印刷して相手に渡したりしてはいけません。なぜなら、書き出した内容を見ずに相手に話すことで、自分の頭の中がどれだけ整理されていないかを知るきっかけになります。

　また、文書で渡してしまうと、相手は内容を目で見て、勝手に自分の頭の中で補完して理解した気になることがままあるからです。

　誰かに話すという作業は「どんな視覚情報をつければ、さらにわかりやすくなるか」ということの確認にも繋がります。まずは、聴覚情報と言語情報だけで伝える努力をしてみましょう。そうすることで、資料として補完すべき情報のイメージが見えてくるはずです。

　口頭で話すことは自身にとっても新しいアウトプットに繋がりますし、プレゼンの練習にもなります。

　会話の中で、新たな脳の回路が動き出し、気づけなかったことが多く見つかるはずです。相手からアドバイスや質問がもらえたら、忘れずにメモをとり、「伝えたい内容」をブラッシュアップしていきましょう。

　ちなみに上司や関係者を巻き込むことができれば、**「事前の裏取り」**と**「信頼作り」**にも繋がります。
　まずは気軽に話せる相手から始めて、自信が出てきたら、関係者にも時間を割いてもらって、提案に巻き込んでいきましょう。

話すことによって得られるメリットとは？

・提案に対して客観的な意見がもらえる
・資料につけるべき視覚情報がわかる
・プレゼンの練習になる

ここがポイント！

誰かに話すことで、「提案の伝わりにくい部分」
はどこかを理解しよう

資料作成の準備⑥
「足りない情報」を補完する

　誰かに話すことで自分の提案や企画、アイデアの伝わりにくい部分がわかったら、**「文章だけでは足りない部分を補ってくれる情報」**を集めていきます。

　相手がわかりにくいと感じてしまう理由は、主に2つです。

①客観的事実が欠けているケース
②抽象的でイメージが湧きにくいケース

　何を補足したらその情報がより効果的に伝わるかを、考えてみましょう。たとえばですが、「社会人は資料なんて作りたくないと思っている」と提案するとします。

　ヒアリングの段階で「本当に？」と疑問を持たれたら、データを探すか実際にアンケートを行って、「社会人の80%が『資料なんて作りたくない』と思っている」（n=20 自社調べ）というデータを添えられるようにします。こうすれば、客観的事実としてイメージしやすくなります。

　また、化粧品の説明などで「歳をとるにつれて肌のコラーゲン量は減少していきます」と記載する場合、こちらも「20歳を超えると、年々肌のコラーゲン量は減少していきます」として、そのことを表すグラフを添えてあげたほうが、イメージしやすくなるでしょう。

　実際、客観的な数字や具体的な事実を添えてあげると、資料の信憑性がぐっと増します。

　ちなみに、この作業をする際に注意すべき点は、**「より詳しく伝えようと思うあまりに、数字集めに走りすぎてしまう」**ことです。

　多くのデータやグラフが掲載されていると、補足情報ばかりに提案される側の目が向いてしまい、肝心のテーマについて集中して考えてもらえません。

「データはあくまで伝えるテーマを補足するもの」と考えて、内容が際立つようにピンポイントに添えることを心がけましょう。

「客観的な数字」と「具体的な事実」が脳を直接刺激する

世界人口ランキング
1位の国は中国だ。

中国の人口は
世界人口 78 億人のうち
約 18% を占めている

18%

第1位

イメージが
つかみやすい！

ここがポイント！

より具体的に提案を伝えるための情報を集めよう

資料作成の準備 ⑦
資料の「フォーマット」に落とし込む

　全体像を書き上げ、伝えたいことを補強するデータが確認できたら、やっと本腰を入れての資料作りが始まります。

　この段階になると、書くべき内容はほぼ見えてきているはずです。PowerPointでもWordでも、準備したものを形式に合わせ、フォーマットに落とし込んでみましょう。
　まだこの段階ではデザインやレイアウトなどは気にしなくてもいいので、どこにどんな情報が必要かイメージして、書き出しから結論まで作り上げます。
　情報量がまだ少ないのでスカスカに見えるかもしれませんが、それで大丈夫です。

　すべての情報をフォーマットに落とし込んだら、その状態で全体を読み直し、流れに問題がないか確認してください。
　必要があれば順番を調整したり、入れるべき要素を追加したりします。

　この段階であなたは、すでに3回以上自分の考えをアウトプットし終えています。

　①頭の中にあることをテキストに落とし込む
　②伝えたいことを誰かに話す
　③正式なフォーマットに落とし込む

ここまでくると、当初は頭の中に漠然としかなかった「伝えたい内容」も、すでにはっきり見えていて、作るべき資料のゴールが明確になっているはずです。

　こうなれば、あとはキレイに仕上げるだけです。
　もうどこから手をつければいいかわからないまま、挫折してしまうということはありません。逆に、自分のアイデアや考えをどんどん可視化していく過程に、楽しさすら感じてしまうことでしょう。

　この流れさえつかめていれば、基本的にどんな資料もわかりやすく相手に伝えることができるはずです。

それぞれのステップで新たな気づきが得られる

アウトプット 1回目
アイデア、伝えたいことをそのまま書き出す

アウトプット 2回目
人に話して、内容を自分のものにできているか確認する

アウトプット 3回目
フォーマットに落とし込むことで、補足すべき点が明らかになる

ここがポイント！

3回以上アウトプットすれば、
資料のゴールがはっきり見えてくる

書くことに迷ったら、
作業を止めて一度寝かそう

　第2章で見てきたように、「資料を作る」ためには、さまざまな情報をアウトプットしていく必要があります。普段、このような頭の使い方をする習慣がない人にとっては、かなり脳に負担がかかってしまうことでしょう。

　本書のプロセス通りに作業を進めたとしても、「書き始めたはいいけど、行き詰まって先に進めなくなった……」「もう何を書けばいいのかわからない……」——などということが起きるかもしれません。

　そんなときに私がオススメしているのが、**「一度作業を止めて、寝かせてみる」** ことです。

　脳は日常的に多くの情報を処理しており、1日の終わりが近づくにつれて、思考能力がどんどん低下していきます。この疲れてしまっている状態で、新たなひらめきを得ようとしても、それは機能的に無理があります。

　そこで、疲れた脳の機能を回復してくれるのが、「睡眠」です。

　「ある朝、目が覚めるとなんだかいいアイデアが思いついた」ということを、皆さんも経験したことがあるのではないでしょうか？

人間の脳はとても優秀で、睡眠中にその日にあった情報を整理してくれています。実際に、**「計画や企画を一晩寝かすと、よりよいアイデアが思いつく可能性が高い」**ということは、多くの大学の研究で実証されているそうです。これは睡眠中に脳内で記憶が定着し、「パターン認識力」という機能が回復した結果起きる現象です。

　資料を作成していて期日が迫っているとしたら、諦めて寝てしまうことに対して不安に思うかもしれません。しかし、資料を作るのが苦手なうちは、**「スケジュールに余裕を持っておいて、行き詰まったら寝る」**というのも作戦の1つです。

　一生懸命に頭を使って、**「もう無理だ」と感じたのであれば、そこがその日の限界です。**そんなときは、潔く作業をやめてしまいましょう。

　行き詰まった状況に対して思い悩まずに、「寝ているうちにいいアイデアが思いつくだろう」と、状況を楽観的に捉えることができるようになれば、メンタルにもいい影響を与えてくれます。

　私が第2章でお話しした、準備の時間を長めにとって、「テキストで書き起こす」「人に話す」「スライドに落とし込む」と企画全体を準備段階で3回転させているのも、この脳の機能を有効活用するために行っています。

　それぞれのタイミングでは、まだ内容が詰まりきっていなくても、段階的にアウトプットを重ねることにより、頭の中で情報が整理されていきます。情報が整理されてくると、自然と提案する内容について、空い

ている時間に頭の中で考えられるようにもなってきます。

　始めに一生懸命考えて、たとえぼんやりとした全体像しか見えなかったとしても、アウトプットを繰り返していると徐々に細部まで目が届くようになっていくことを実感できるはずです。

　あなたが寝ている間に、脳は常に情報を処理し、何かしらの関連性を見つけ出して、整理してくれています。

「果報は寝て待て」ではありませんが、一度に全部をやってしまおうという考えは捨てて、スケジュールを長めにとり、だまされたと思って「作業を止めて寝かす」ことを実践してみてください。

第 3 章

伝わる「文書」資料の
考え方と作り方

伝わる「文書」作成時の5つのポイント

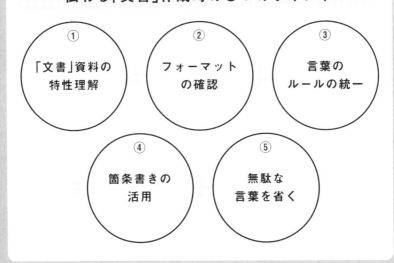

①「文書」資料の特性理解

②フォーマットの確認

③言葉のルールの統一

④箇条書きの活用

⑤無駄な言葉を省く

「文書」と「スライド」
どちらのほうが伝わるかを考える

　第1章では「誰にどう伝えるか」、第2章では「資料作成前の準備」について解説してきました。

　ここからはより具体的に、**「伝わる資料の考え方と作り方」**についてまとめていきます。

　なお、本書では**「文書(Word)」**と**「スライド(PowerPoint)」**の2つの形式と、その中で扱う**「数字」**と**「グラフ」**の見せ方について分けてまとめています。

　資料をよりスマートに、魅力的に見せるテクニックについてはそれぞれに特化した書籍があるので、詳細はそちらを参照いただくとして、ここでは、形式の特徴と基本のテクニック、効果的に伝わる工夫について考えていきます。これらを身につけるだけでも、資料は十分説得力のあるものになるでしょう。

　まずは「文書」と「スライド」の違いについて、ここでさらっと確認しておきます。資料を作成する際、何も考えずに与えられた形式にただ従ってはいませんか？

　残念ながら、それでは資料の真価を発揮できているとは言えません。

「文書」は、基本的にテキストメインの情報媒体であるため、「スライド」を作るよりも作業工数は少なくなります。また、**文章でまとめたほうが細かなストーリーを伝えやすく、率直な提案者の想いを届けられます。**

しかし一方で、作成者はすべてをテキストだけで説明できるように、具体的に思考を深めていく必要があります。

「文書」は読み手にとっても、文章を読み取る労力が多くかかることになるので、その点を意識しながら、読みやすい文章を書く力が必要です。

　「スライド」でまとめた資料は、作業工数は多いものの、ビジュアルを伴った説明や、図による抽象化を得意としているので、**「文書」よりもぱっと見て理解しやすい資料を作ることができます。**

　また、デザインに時間をかけてテーマをより魅力的に表現できれば、文書をただ渡すよりも、相手の期待値を上げられるかもしれません。

　デザインセンスを学ぶことは、あなたの**「ブランド化」**にも繋がります。

　ただ、「スライド」は「文書」と違い、細かな情報を盛り込みすぎると、資料自体が見にくくなってしまうため、大まかな情報以外はプレゼンで補完しなければなりません。

　資料はあくまで情報伝達手段の１つです。

　相手に対して伝えたいことを正しい形で届けられることが一番重要なので、**「どの形式がふさわしいか」**までしっかり考えて、状況に応じた資料を作成するようにしましょう。

ここがポイント！

伝えたい内容が正しく伝わる形式を選択しよう

文字だけで資料を作る際の
メリット・デメリット

「文書」は「スライド」よりも作成の工数が少ないと書きました。日夜忙しいビジネスマンにとって、時間がかからないことは大きなメリットだと言えます。

「文書」を選ぶことにより、レイアウトや色味のようなデザインにかける時間が少なくなり、スライドで作るよりも枚数を減らすことができるでしょう。

ただし、文章で表現すると、**作成者には言葉を紡ぐ思考力が、そして読む人には読解力が求められます。**

文書で資料を作るということは、伝えたいすべてのことを文字で表現しなければならないということです。

伝えるべき情報を正確に文字だけで表現するには、それなりのテクニックを要します。

ちょっとした言葉の使い方で、あらぬ誤解を受けかねませんし、口頭での説明ができない場面では、資料の魅力が十分に伝わらないかもしれません。慣れないうちは、第2章のプロセスを踏まえながら、思考の抽象化・具体化を繰り返して、イメージを固める練習をしたほうがいいでしょう。

また、**文書作成に慣れていない人が陥りやすいのですが、文書は自分の想いを込めようとすればするほど、読み手の時間を奪います。**

では、どのように文書をまとめれば効果的に相手に伝わるのか？

次の項目から確認していきましょう。

メリット

文書制作	スライド制作
①構成	①構成
②ライティング	②ライティング
	③レイアウト
	④グラフ
	⑤図

スライドよりも
作業工数が少ない

デメリット

作成者

読み手

伝えたいことを正確に
文章に落とし込まなけ
ればならない

書き手の意図を
正確に読み取るには
一定の時間がかかる

ここがポイント！

文字だけで想いを伝えるためには、
言葉を紡ぐ思考力が必要

文書と仲良くなるために必要なのは「フォーマット」

　前の項目では文書のメリットとデメリットを押さえました。

　次に、文書を作成するうえで意識していただきたいのが、「フォーマット」です。

　社内でも社外でも、資料の形式はある程度定まっている場合が多いと思いますが、もし作成者にゆだねられているのであれば、「ルール化」をしておくと便利です。

　読む側にとっても、毎回レイアウトの異なる資料を読まされるより、フォーマットの定まっている資料のほうが、読む前の心理的なハードルが下がります。

　また、**社内や部内でフォーマットを共有しておけば、皆の作業を効率化できますし、ベテラン社員と若手社員の資料のクオリティ差も、できるだけ少なくすることができます。**さらには、資料作成にかける社内教育の時間も削減できるので、ルール化は積極的に行いましょう。

　フォーマットを考える際は、右図のような順序が一般的なので、作成するときの参考にしてください。

　これは第2章で書いた「テキストでまとめる」作業においても、そのまま使えるフォーマットになっています。

　まずは冒頭で資料の目的と結論を明確にすることで、全体の概要とこの資料が検討に値するものかどうかが伝わります。

全体概要を伝えたうえで、詳細な説明を背景と根拠で提示し、検討事項や課題を明らかにすることで、**次のアクションをどうするか**ということが順序立ててわかります。

　文書の多くはテキストのみで理解を得なければならないため、図で見たほうがわかりやすいフローや、グラフなどのデータが必要となる際は、別添という形で必要な資料を提出することも重要です。

　いかなる状態でもわかりやすく想いが伝わる、そんな資料作りを心掛けてみてください。

文書の基本フォーマット

① 目的と結論のハイライト

② 背景の説明

③ 根拠の提示

④ 検討事項と課題

⑤ 今後のアクション

ここがポイント！

フォーマット化が、あなただけでなく社内の生産性をも上げる

文書に使う「言葉のルール」
を統一する

　資料のフォーマットを決めたら、次は、**「文書の中で使う『言葉のルール』を統一する」**ことを覚えましょう。

　小説などであれば、同じ言葉や言い回しを多用すると、文章の面白みが減ってしまうため、同じ意味の言葉でも変化をさせて使うことがあります。しかし、**ビジネス文書では読み手の工数の軽減を最優先にして言葉のルールを統一します。**

　たとえば、「売上が上がる」という表現1つをとっても、「売上が増加する」「売上が上昇する」「売上が伸びる」など、いろいろな言い方がありますよね。そのどれかに表現を定めたら、資料内ではニュアンスを変えたいとき以外は必ず1つの言い方で固定しましょう。

　また、たとえば「売上が上がる」という表現に決めたなら、逆に「売上が下がる」など**対義語**のチェックも欠かせません。
「そこまで大きな違いはないんじゃないの？」と思うかもしれませんが、こうした語句の揃っていない資料は、読み手の脳に必要のないストレスをかけてしまいます。

　最近は、「アジェンダ」や「エビデンス」など、カタカナ英語をビジネスで使うことも多くなりました。こうした言葉を使っていると、どこか「仕事がデキる」ように見えたりもしますが、読み手によっては通じないという問題が出てきてしまいます。

どんなに社内で一般的に使われている言葉であっても、読み手の理解しやすい言葉を想像して「使う」「使わない」を見定めましょう。

　「デッドラインをここに設定しておりましたが、取引先のアセットが不足しており、一度リスケさせていただこうと思います」――。

　私はこのような文章にどこか抵抗感を覚える人間ですので、普段からカタカナ英語は使わないようにしています。

　ただ最近、社外でこのような話し方をする外資系企業の人たちと仕事をすることも増え、「自分の常識は他人の常識ではない。わかりやすいなら、そっちに合わせるか」――と相手に合わせることも考えています。
　話し言葉も書き言葉も、読み手と聞き手の共通認識の問題なので、「その相手」が誰なのかをよく考えてみてください。

　言葉のルールの統一は、あくまで相手が理解する工数を減らすことが目的です。状況に応じて何が一番わかりやすいのかを検討してみるといいでしょう。

　なお、社外向けに資料を作る際は、誰が読むのか推測できない場合が多いのも事実です。難しい言葉は理解の妨げになる可能性が高いので、基本は小学生でもわかる、できるだけ平易な言葉を選んで資料作成を行うことをオススメいたします。

ここがポイント！

「言葉のルール」を統一して、相手の理解しやすい
小学生でもわかる文章を書こう

「箇条書き」を使って、
文章を整理する

　文書作成において、まず解決しないといけないのは「資料の読みにくさ」です。

　文字量が多い資料は、見た目の印象としても読みにくそうに見えてしまいます。また、文章を書くのが苦手な人にとっては、文章だけで正しく伝えたいことが伝えられない場合もあるかもしれません。

　そこでどんどん活用していきたいのが、**「箇条書き」**です。

「箇条書き」であれば、伝えたいことを端的に伝えることができますし、文章を複雑に考える必要もありません。また、「箇条書き」を使うことで、レイアウト的にも構造がすっきりし、内容を把握しやすくなります。

　「箇条書き」を使う際には文章と合わせて、行頭記号の工夫をすると、さらにわかりやすくなるでしょう。

　たとえば**「ビュレット（・）」**や**「記号（□）」**、**「数字（1,2,3）」**などを使うことで、項目ごとの関係性、チェックすべき事項、並んでいる順番が理解しやすくなります。

　伝えなければならない情報が多いとき、レイアウトを整理したいときには積極的に使ってみてください。

ただし、「箇条書き」にもデメリットがあります。

それは、**「箇条書き」だけでは文章の繋がりやストーリーを伝えることができません。**その点を理解して、「文章」で書くか、「箇条書き」にするかを考えて、資料の構成を検討しましょう。

箇条書きは用途によって使い分ける

ビュレットで並列に

引越しの条件
- 風呂トイレ別
- ２階以上の部屋
- 鉄筋コンクリート
- 家賃８万円以下

チェックマークで項目に

打ち合わせの持ち物
- ☐ 名刺
- ☐ パソコン
- ☐ 資料
- ☐ 手帳

数字で順序を

ポスター作成手順
① 企画する
② 素材を準備する
③ 制作する
④ 印刷する

アルファベットで選択肢に

空欄の数字を
答えなさい

a.700g　　b.1.2kg
c.380g　　d.1.5kg

ここがポイント！

「箇条書き」を使って、
伝えたいことをシンプルに、すっきり伝えよう

必要のない「無駄な言葉」は省く

　文書において、**相手が理解するまでの工数を減らすには、「無駄な言葉をできる限り使わない」**ことが重要です。

　文字量が増えることは、相手が処理しなくてはならない情報を増やし、負担をかけてしまっているという認識を持ちましょう。

　今まで「言葉のルールを統一する」「箇条書きを使いこなす」と説明してきましたが、文書での資料作成において、特に文字量を増やす原因になっているのが、**「無駄に言葉を飾る」**ことです。

　日本では、円滑な人間関係を保つために、遠回しな表現を使って丁寧さを表す文化が根づいています。メールで頻繁に使う「お手数をおかけしますが」「恐れ入りますが」などのクッション言葉がそれにあたります。

　しかし、**遠回しな表現は資料作成の目標である、「簡潔に情報を伝える」**こととは対極に位置しています。文書作成中にも気づかずに、クセで遠回しな表現をしていることがありますので、資料をまとめる際には十分に注意を払ってください。

　たとえば、「今回の施策を当社のほうで実行させていただくことにより、貴社の売上が昨年対比で10％上がると想定されます。」という文章があったとしましょう。

　資料上であれば、「今回の施策を当社が実行することで、貴社の売上

は昨年対比10%上がる想定です。」で十分ですし、さらに短く、「本施策により、貴社の売上は昨年対比10%増加します。」でも失礼なく意味は伝わります。

ビジネス文書では、伝えたいことをより簡潔に伝えることが重要です。
　過度な敬意を込めることによって、文章自体がわかりにくくなることは、逆に相手の時間を奪ってしまい失礼に当たると考えましょう。
　伝えるべきことを明確に伝え、無駄な言葉を使っていないか、見直しを欠かさずに行うようにしてください。

無駄に言葉を飾る表現例

二重否定	「〜ないこともない」 「〜ないとは限らない」
二重敬語	「お求めになられる」 「拝見させていただく」
過剰な謙譲語	「私どもとしては〜」「〜いただく」 「〜させていただく」などの多用
過剰な尊敬語	「〜れる」「〜られる」 「〜される」などの多用

ここがポイント！

「簡潔に情報を伝える」ことこそが、
文書における最優先事項

まずは、文章を書く
抵抗感をなくそう

「文章を書く」ことは、日本語を話すことができれば、誰にでもできる作業です。それなのに、いざ資料やらレポートやら、文章を書こうとすると、なぜ拒否反応が出てしまうのでしょうか?

それは、普段から「文章を書く」という習慣がないからです。

会話であれば、無意識にできているはずです。「この内容を伝えるために口を動かすぞ!」と意識して会話をしている人はいません。

ただ、「文章を書く」となると、勝手が違います。無意識に身体は動かず、「頭で考え、手を動かすぞ」という意識を働かせなければなりません。

文章を書く作業は、話すときよりも単純に肉体的な工数が増えます。また、相手との掛け合いで話が進むわけでもないので、自分で常に内容を考え、話を展開していかなければなりません。その両方の工数の増加が、脳に負担と苦痛を感じさせるため、多くの人が文章を書くという作業から逃げてしまうのです。

しかし、社会人として働くようになると、**資料作成だけではなく、メールやチャット、レポートなど、文章を介したコミュニケーションの頻度は大幅に増加します。**それにもかかわらず、文章を書くことに苦手意識を持ち続けていたのなら、それはもったいないです。

どんなものにでも基礎練習が存在します。スポーツであれば、体力をつけるためにランニングをすることで、長時間動けるように身体を慣れさせていきます。

　ビジネスにおいて、「文章を書く」というのは、その基礎練習にあたるものです。ビジネスにおける持久力をつけるという意味でも、「文章を書く」という作業はランニングに近いものだと考えてみてください。

　トークがうまいお笑い芸人さんも、普段から漫才やコントの台本を書いたり、自分の体験談をメモにとったりして、文章でアウトプットする練習を欠かさないといいます。

　私も「文章を書く」練習だと思い、もう20年くらいブログを書いていますが、そのおかげもあり、文章でアウトプットすることへの抵抗感はだいぶんなくなりました（それでもこの本を書くのにだいぶん苦労しましたが……）。

　ほとんどのスポーツにおいても、ランニングは体力作りとして行うもので、実際の競技の技術には関係ないケースがほとんどです。競技をするうえで体力が必要になるから、ランニングをするのです。

　ビジネスも同様に、「文章を書く」ということ自体に意味はありません。**意味があるのは、そのスキルを使ってアウトプットする中身です。**
　その中身を考えるためにも、まずは「文章を書く」という作業に慣れておきましょう。

「文章を書く」ことは、練習量次第で誰でもうまくなります。

　最近だと、業務外でもブログやSNSなど文章を書く機会を作ることは簡単にできます。1日1回、Twitterでつぶやくくらいの簡単なことからでもいいのです。

　こうしたささいな練習の積み重ねが、話題を考えたり、構成を練ったりする練習になります。そして、普段から自分の考えを文章でアウトプットする習慣をつけておくと、資料作りだけではなく、普段の会話やプレゼンのスキルも上がっていくのです。

　また、普段からアウトプットすることを続けていれば、新たなネタが必要になってくるため、自然と新しい情報を探す習慣もついてきて、新たなアイデアを考えるきっかけにも繋がります。

　ほかにも、文章でのアウトプットを続けることにより、それを読んでくれる人が増え、あなたの信頼度アップにも繋がるかもしれません。

　まずは、資料作成が苦手であるという心理状態から抜け出すために、「文章を書く」ことに慣れていきましょう！

伝わる「スライド」資料の考え方と作り方

伝わる「スライド」作成時の6つのポイント

① 「スライド」資料の特性理解

② フォーマットの確認

③ デザインルールの確認

④ フォントルールの確認

⑤ 目線を考えた配置の調整

⑥ 配付資料の準備

スライドで資料を作る
メリット・デメリット

　さて、この章では**「スライド」**について考えていきましょう。

　スライドで資料を提出するメリットは、なんと言っても**「情報の理解のしやすさ」**にあります。
　文字だけの資料は、情報の大半を文章で伝えなければならないため、相手の読解力や想像力を必要とします。

　一方、スライドでは文字と図を組み合わせることで、相手の想像を補う具体的な情報を提示することが可能です。
　資料を受け取る相手も、イメージで情報を捉えることができるため、文書と比較して理解の工数を落とすことができます。

　スライドのデメリットはなんと言っても、文書に比べて**「作成者の工数が増える」**ことにあるでしょう。

　スライドは複数の情報が複合してできているため、文章を書く以外にも、スライドのレイアウトや図式、カラーリングなどを考えて作成しなければなりません。
　それぞれの作業を理解し、効果的に情報を資料に落とし込むには、ある程度の知識と経験が必要になります。

　効果的に伝わるスライドを作るのは、初めのうちは苦労するかもしれません。

しかし、文章で表すだけではなく、**図やデータを用いて正確に情報を表現できるようになれば、自分の考えをよりわかりやすく相手に伝えられ**ます。

作業としてイヤイヤ取り組むのではなく、ビジネスにおけるコミュニケーションの最適化を考えるうえでも、スライドで資料を作成する量をこなして、経験をしっかり積むようにしましょう。

スライドのメリット・デメリット

メリット	デメリット
リモートワーク導入の提案	細かなレイアウト／カラーリング／アニメーションの設定／データのグラフ化
イメージを伴う具体的な提案が可能	**文書よりも考えるべきことが増える**

ここがポイント！

**よりわかりやすく情報を伝えるために、
スライド作りのスキルを身につけよう**

スライドで資料を作る前に
確認しておくこと

　スライドで資料を作る際には、事前に**「スライドが果たす役割」**を確認しておくことが重要です。

　スライドを利用してプレゼンを行うのか？　プレゼンの配付資料として使うのか？　プレゼンなしにスライドだけが資料として一人歩きするのか？

　それぞれの場合で、まとめるべき情報の量が変わってきます。

　まず、スライドを利用してプレゼンを行うときは、口頭での説明との役割分担を意識し、テキストによる説明の量を少なくして、視覚的な情報の量を増やすようにしましょう。

　次に、配付資料として利用するときは、枚数を少なくして、聞く側にプレゼンの全体像をわかりやすく伝えることを意識します。

　最後に、スライドだけが資料として一人歩きするときは、口頭で説明すべき内容も含め、必要な情報をすべてスライド上に記載しておかなければなりません。

　繰り返しになりますが、スライドを資料とするメリットは、文書よりも相手の理解する工数を減らせることです。

　その点を意識しながら、**文字情報に「どんな視覚的要素があれば、より伝わるのか」を考えて、情報の取捨選択をしてみてください。**

注意しなければならないこととして、スライドは1枚あたりの情報量が少なくなる代わりに、資料全体の枚数が多くなることがあげられます。そのため、全体像を把握しないまま1枚1枚に気をとられていると、情報が整理されていない資料になってしまいます。

「資料全体の構成」と「スライドごとのルール」を作成前に明確に決めておきましょう。

スライドにもいろいろな用途がある

プレゼン資料として	配付資料として	一人歩きする資料として
口頭で説明する情報と、視覚的に訴えたい情報を区別する	一目で全体像が確認できるよう、必要な部分だけコンパクトに	説明がなくても読めばわかる資料に

1 表紙	2 目次	3 本編①
4 繋ぎ	5 本編②	6 繋ぎ

・本日の提案内容

・本日の結論

なるほど、そういうことね！

スライドの役割に応じて、まとめる情報量をコントロールしよう

スライドで資料を作るときの「基本フォーマット」

「スライド」で情報を伝える際の「基本フォーマット」を確認します。

「スライド」は1枚あたりの情報量を減らして、「全体の流れ」で伝えたいことを説明したほうがわかりやすく仕上がります。
　まずは、**「全体の流れ」**を意識した**「基本フォーマット」**を準備して、それに自分が提案したい内容を当てはめていく形で考えていくと、作成しやすいです。

　1ページ目から1枚1枚スライドを作っていると、資料の全体像が頭の中で想像しにくく、次に何を書けばいいかを毎回考えることとなり、資料作成の効率が悪くなります。

　ざっくりでいいので、「基本フォーマット」を決めてしまいましょう。
　まずは**全体概要と目的を伝え、その詳細の説明、結論を通じて再度全体の確認を行い、次のアクションへと繋がる確認事項をまとめる**──といった流れを意識しておくだけで、スライド作成は圧倒的にスピードが上がります。

　特にスライド作成を苦手としている人は、何かを説明するときなどに、この「基本フォーマット」に合わせて考える練習を普段からやっておくことをオススメします。

スライドにおける基本フォーマット

① 全体の概要・背景

② プレゼンの目的

③ 具体的な提案

④ 提案の根拠

⑤ ここまでの結論

⑥ 今後のアクション

⑦ 運営体制

⑧ スケジュール

⑨ 予算

⑩ 提案のまとめ

ここがポイント！

「全体の流れ」を作るために、
「基本フォーマット」に合わせて考える練習をする

スライドの「全体像」を考える

　スライド作成で一番やってはならないことは、全体像が確定しないうちに1枚1枚資料を作り始めてしまうことです。ゴールが見えないまま真っ白なスライドを前にし続けると、終わりの見えない戦いにあなたの心は折れてしまいます。

　では、どうすればいいのでしょうか？

　まずは先ほどの基本フォーマットに沿って、事前に準備した概要を文字だけでいいので流し込み、最後のページまでスライドを作ってしまってください。**この時点では、一覧表示でも内容が見えるよう、文字は大きめに入れておくのがオススメです**。始めから最後まで、スライドのページ数が定まった状態が見えると、作業の終わりが確認できるので心も軽くなります。

　全体が見えてきたら、次は**「資料の流れ」**を調整していきます。概要をそのまま流し込むと、言いたいことを詰め込みすぎて、内容がぎゅっと濃すぎるものになってしまいます。読み手が疲れないよう、**少し余裕を持たせてわかりやすい流れを作っておくと、理解しやすい資料になります**。

　余裕を持たせるテクニックとしては、**「中間のチェックポイント」**と、**「流れを作るためのスライド」**を作ってあげることです。チェックポイントとなるスライドは表紙、目次、中見出し、各項目のまとめパートが該当します。

「流れを作るスライド」とは、要点と要点の繋ぎのためのスライドです。

聞き手からすると、休憩ポイントのようなイメージですね。

このスライドでは、文字の量をあえて減らして、情報を受け取る相手の脳を少し休ませてあげるイメージで入れてあげるといいと思います。

話している内容のテロップくらいの位置づけにしておくとわかりやすいかもしれません。

全体の流れが整ったら、次は各ページの体裁を整えつつ、情報を整理していきましょう。始めに全体を整えられれば、各ページで工夫しなければならないこともはっきりしていくはずです。

流れがわかれば自分も聞き手も余裕ができる

ここがポイント！

全体像を把握してから詳細を作っていこう

スライドの「デザインルール」の考え方

　全体像が定まってきたら、スライドの**「デザインルール」**を決めていきましょう。ここで意識すべきことは、**「いかに簡潔に、理解を助ける表現ができるか」**という点です。

　人の脳は一度にいろいろなことをするのを苦手としています。

　新たな情報を次々与えていくと、処理しきれない情報は、記憶には残っていきません。

　あなた自身、日々のタスクに追われる中で定例会議や打ち合わせに参加したとき、「ほかの業務が頭にちらついて集中できない」ということはないでしょうか?

　ここで言いたいのは、**私たちがどんなに苦心して資料を作り上げたとしても、提案される側の脳には十分に理解する余裕のない場合がほとんどだ**ということです。

　脳のメモリが残りわずかな状態の人に対して、新たな情報を理解してもらわなければならないときは、**資料は可能な限り、脳を働かせなくても理解できる状態までルール化すべきです。**

　そのためにも、ここでもう少し脳の習性を学んでおきましょう。

　人間の脳は、マルチタスクをこなすのが苦手な一方で、多くの情報を処理する負荷を減らすために**「慣れる」**ことが得意です。

　これは**「パターン認識」**と呼ばれますが、決まったルールを一度認識

すれば、脳は無意識下でもそのルールを軸に情報を処理することで、その時々の負荷を減らそうとします。

効果的なスライドを作成するためには、この脳の「パターン認識」を活用した表現方法が求められます。

つまり、**スライドのルールを明確に定め、「資料を読み進めれば読み進めるほど、自然と頭に入ってくる」——そんなスライドを心がければいいのです。**

それでは、これから「相手の脳に負担をかけないスライド」の作り方を見ていくことにしましょう。

デザインルールが理解を助ける

根拠❶ 根拠❶

根拠❷ 根拠❸ 根拠❷ 根拠❸

デザインに統一性がないと
理解しにくい

デザインに統一性があると
理解が早まる

ここがポイント！

「パターン認識」を意識して、読み手が脳を働かせなくても
理解できるスライドを考えよう

スライドの「サイズ」を決める

　見やすいスライド作成の第一歩として、まずはスライドの**「サイズ」**による違いを知っておきましょう。

　最近はPowerPointの縦横比のデフォルトが16:9になっていますが、**16:9と4:3の2つのサイズは、用途によって変えたほうがいいということを覚えてください。**

　16:9は、セミナーなどスクリーンに投影する際に最適なサイズになっています。最近のテレビなども画面が16:9で作られているように、余白なく広く画面を使えるのがメリットです。

　デメリットとしては、あまり印刷に向いていないことがあげられます。16:9のまま紙に印刷してしまうと、上下に余白ができてしまい、余計なスペースのある資料になってしまいます。

　4:3は、逆に資料作成に適しています。印刷した際もA4用紙にキレイにハマりますし、タブレットで確認したときも余白が少なく、見やすいです。

　一方で、16:9のスクリーンやモニターに投影すると、昔のTV番組を今のTVで見たかのような、左右に若干の余白が出てしまいます。

　スライドのサイズは、作り始めの段階で決めてしまうことをオススメします。というのも、途中で全体に変更をかけるのは少々面倒だからです。機能的には途中での調整も可能になっていますが、どちらのサイズ

に切り替えるにしてもキレイには切り替わらないため、再度デザインを整える必要が生じてしまいます。

　私の経験から言えば、**汎用性が広いのは4:3のサイズです。**プレゼン時にもモニターではなくプロジェクターを利用するのであれば、そこまで違和感はありません。

　それ以外にも、印刷に適した4:3のほうが、資料が一人歩きしたときに可読性が高まるので、伝達の可能性が広がります。

　あくまで相手の読みやすさを一番に考え、使う状況に合わせたサイズを考えてみてください。

目的によってスライドのサイズを使い分けよう

16:9	4:3

◯ スクリーンで映える

✕ 印刷に向かない

◯ A4でキレイに印刷できる

✕ スクリーンやモニターに向かない

ここがポイント！

用途によって16:9と4:3のどちらが適しているかを考えよう

スライドで使う
フォントの「種類」を決める

　次に、スライドで利用する**「フォントの種類」**を決めましょう。

　スライドは「どんなシチュエーションでも読みやすい」ことが求められますので、フォントの選択はとても重要なポイントになってきます。

　また、フォントの種類によって相手に与える印象を変えることもできます。

　まず原則として、**スライドの中ではフォントを1種類**に絞って作成するようにしてください。複数のフォントを使うと、デザイン的にガチャガチャして見えてしまいます。

　また、メインのフォントと違うフォントが使われている箇所は、資料の中で悪目立ちして見えるため、読み手に「ここは強調したいメッセージなのか？」と意味を考えさせ、余計な頭のメモリを使わせてしまいます。

　特に注意を引きたいという意図がなければ、**フォントは1種類にしておく**ことをオススメします。

　フォントについては、カッコいいものから可愛いものまで、さまざまな種類がありますが、ここでは視認性と可読性を優先して、**「メイリオ」**か**「游ゴシック」**をオススメします。

　どちらのフォントもクセが少なく、印象としては「メイリオ」はがっしりとしたイメージに、「游ゴシック」は全体がスッキリしたテイストに仕上がります。どちらも「太字（ボールド）」に対応しているため、フォ

ントを変えずとも、強調したいときの調整が可能です。

　特に理由がなければ、この２つのどちらかを選んでおきましょう。

　ただ、この２種類のフォントは、最近のプレゼンテーションでは人気のフォントとして頻繁に使われています。

　頻出のフォントだということは、万人に受け入れられやすいというメリットがある一方で、「あなたの資料が競合の資料と似た見た目になりやすい」というデメリットもあります。

　もし、自分のプレゼンテーションに個性を出したいと思うのであれば、あえて周りと違うフォントを選択するというのも作戦の１つだと思います。

　私もセミナーを行う際は、ちょっとした個性を出すために、いつも黒板をイメージした背景のスライドに**「デジタル教科書体」**という手書き風のフォントを使用して、学校の授業のような演出をしています。

　特殊なフォントを使いたいときには、１つ注意しなければならないことがあります。それは、**フォントは環境に依存する**という点です。

　データが一人歩きしたときに、相手のパソコンにインストールされていないフォントを資料で使っていると、こちらが意図したフォントで表示されません。

　「どうしてもこのフォントが使いたいんだ！」という場合は、データを受け渡すときにPDF化するなどして、相手の環境に依存しないデータ形式にしておきましょう。

ここがポイント！

フォントは原則１種類。
演出で特殊なフォントを使うときは相手の環境に注意しよう

スライドで使う
フォントの「サイズ」を決める

　フォントを決めたら、今度はスライドの中で使うフォントの**「サイズ」**を決めます。

　これまでの私の経験から言えるのは、**スライドを作るのが下手な人は、スライドの中で使うフォントサイズが決まっていないことが多い**ということです。フォントのサイズがばらついている資料は非常に見にくいため、先に重要度に応じて、**使うフォントのサイズを大・中・小の3種類で決める**ことをオススメします。

　具体的には、**フォントサイズ大は見出しや結論、中は小見出し、小は本文**というように決めてしまうと、スライド制作時にフォントサイズで迷う必要がなくなり、資料の作成スピードも上がります。

　フォントのサイズの選び方ですが、そのスライドを利用する状況によって判断しましょう。セミナーなどでスライド投影する場合は、あまり小さなフォントを使うと読めなくなってしまいますし、配付資料に大きすぎるフォントが使われていても、資料が読みにくくなってしまいます。

　プレゼン用にスライド投影する資料であれば、最大のフォントサイズは**40ptくらい**がオススメです。大・中・小の文字の倍率（ジャンプ率）は1.5倍を目安に設定すると違いがはっきり見えます。**そのため大を40ptで設定したのであれば、中は28pt、小は18pt**くらいに設定すると視認性、可読性が上がります。

　印刷して配付することを目的とした資料であれば、**大36pt、中24pt、小16pt**くらいがオススメです。これくらいであればスライド投影にも耐えられます。

その一方で、本文に使うフォントが12ptを切ると印刷しても可読性が落ちてしまうので、文字情報が多いと感じる場合には、決めたフォントサイズに合わせて、文字量を削ったほうがいいでしょう。

資料を作成する中で、スライドサイズの都合上、このルールに当てはまらないフォントサイズを使いたくなることもあるかもしれませんが、その際はぐっと我慢して、**内容での調整**を考えてみてください。

一度ルールを崩してしまうと、どんどんルールが破綻していき、最終的に見にくい資料になってしまいます。

ルールがあるからこそ資料は理解しやすくなります。

多少の不自由があっても、視認性・可読性を高めるためにルールを優先して資料作成を進めてください。

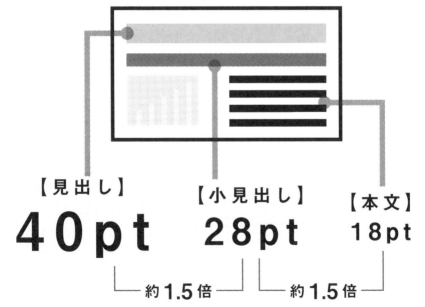

プレゼンに適したフォントサイズ

【見出し】 **40pt**　【小見出し】 **28pt**　【本文】 **18pt**

約**1.5倍**　約**1.5倍**

ここがポイント！

フォントサイズの大・中・小を決めてから
資料を作り始めよう

スライドで使うフォントの「色」と「意味」を決める

　フォントサイズを決めたら、使う**「色」**を決めていきます。

　フォントの色数が多い資料は見にくいです。しかも、色を認識するために相手の脳のメモリを無駄に使ってしまいます。色の持つ意味合い、色と色との関係性を理解したうえで、極力絞っていきましょう。

　色数のオススメは3色です。具体的には、**通常使う色、プラスやポジティブな意味を表す色、マイナスやネガティブな意味を表す色の3色**と考えるとわかりやすいかと思います。

　特にこだわりがなければ、**通常フォントは黒、プラスやポジティブを意味する色に赤、マイナスやネガティブを意味する色に青、というオーソドックスな組み合わせがオススメです。**

　原色を使うと目がチカチカすることもあるので、明度を少し落として見やすくなるよう調整しましょう。

　それぞれの色が持つ意味に沿った役割を分担してあげると、資料を読む人の脳が自動的に色の意味合いを理解して、色の意味を文字に付加して処理してくれます。

　このメリットを活かすためにも、「クオリティの高い資料を作りたい！」と思っても、ルールから外れた色は使わないよう注意してください。

　実際に資料作りをするときは、利用する背景やスライドで伝えたいテーマ、または企業のコーポレートカラーによって、フォントカラーの

選択も変わってくるかと思います。その場合は、**色相環をチェックして、色の持つ意味を考えながら、配色をルール化していきましょう**。

　フォントの色に加えて押さえておくべき点がもう1つ、**文字の裏にひくハイライトの色を決めておくと、効果的です**。黒、赤、青であれば、**黄色**がオススメです。ハイライトを設定しておくと、フォントの意味を維持したまま、キーワードを目立たせることができます。
　ただし、ハイライトを多用すると全体が読みにくくなってしまうため、1スライドに1か所程度の使用がオススメです。

文字 の 色 は 意味 に 合わせる

電子書籍は本に取って代わるか

メリット
- かさばらない
- 品切れすることがない
- 本屋に行く必要がない
- 試し読みができる
- 拡大、縮小ができる

デメリット
- 貸し借りできない
- 質感を味わえない
- 目が悪くなる
- 端末が壊れると読めなくなる

ここ が ポイント！

色 は 3 色 まで！
それぞれ の 色 の ルール を 明確 にして 使おう

フォントの色が与える
「印象」を理解する

　フォントの色について、もう少しだけ説明しておきます。

　色を選ぶ際に、色が相手に与える印象を理解しておかないと、伝えたい内容と色のイメージが合わずに、あなたの伝えたい内容が正しく相手に伝わらないことがあります。せっかく資料を作っても、ここで損をしてしまうともったいないので注意してください。

色には大まかに「暖色」と「寒色」が存在しています。

「暖色」は赤〜黄色系統の視覚的に暖かみのある色のことです。**「暖色」は活力を与える色なので、購買意欲を起こさせたり、相手に行動を喚起させたりする際に効果的です。**プラスのイメージを与えやすいので、メリットなどの情報を伝える際には、暖色を使うことをオススメします。

「寒色」は青〜紫系統の視覚的に涼しさを感じさせる色を指します。**寒色は気持ちを落ち着かせる効果を持っており、読み手は冷静に文字を追ってくれます。**落ち着かせたい、またはマイナスの情報を伝えたいときに使うと効果的です。

　インテリアのデザインにおいては、暖色と寒色では、体感温度が3度も変わると言われています。それほど色が人に与える影響は大きいのです。

　たまに、アピールすべき情報が寒色で記載されている資料を見て、「もったいないなぁ」と感じます。

情報の種類を区別するために、色の意味を考えずに使ってしまう人も
いますが、赤で書くのと青で書くのとでは、読み手にとって感じ方が全
く異なるので、色の与える印象を理解しておくことはとても重要です。

　「暖色」「寒色」以外にも、「色」が持つイメージはそれぞれあります。
　資料作りで色を選ぶ際は、選んだ色が持つ情報も意識したうえで、役
割を与えてあげましょう。

暖色・寒色を用途で使い分ける

暖色

・暖かい
・近くに感じる
・元気なイメージ
・自然と目に入る
・特売チラシなどで
　多く使われる

寒色

・冷たい
・遠くに感じる
・冷静なイメージ
・意識しないと目に入らない
・啓発ポスターなどで
　多く使われる

ここがポイント！

色が人に与える印象を考えて資料を作成しよう

写真・イラストの使い方を「ルール化」する

　次は、プレゼンに花を添える**「写真」**と**「イラスト」**についてです。

　検索技術の発達により、画像検索から使いたい画像を簡単に探すことができるようになりました。画像を配置すると見た目が充実し、一見するとクオリティが上がったかのように思えます。しかし、あなたはその画像が伝える情報にも注意を払えているでしょうか？

　画像は文字よりも多くの情報量を持っています。注意しないと、本来伝えたいことの意味をねじ曲げてしまう危険すらあるのです。

　画像を正しく選び、レイアウトするポイントは、「意味」「サイズ」「トンマナ」です。

　言うまでもないことですが、画像の「意味」に関しては、スライドのテーマからズレてはなりません。日本の話をしているのに、外国人のイメージ写真ばかりでは、本来伝えたかったことも伝わらなくなってしまいます。

　写真選びを間違えてしまうと、せっかくいい内容を書いていても、意図することが伝わらなくなる可能性があるので注意してください。

　次に「サイズ」です。画像を複数載せるときは、サイズを統一するように心がけてください。各ページの画像サイズが統一されているだけでも、レイアウトがスッキリします。サイズの大きい画像を使いたい場合は、適宜トリミングで調整をかけるようにしましょう。

　最後は「トンマナ」です。これは広告用語「トーン＆マナー」の略で、

デザインに統一性を持たせることを意味します。**複数の画像を載せる際に多いのですが、拾った素材ばかりでやりくりすると、スライドのテイストがバラバラになってしまいます。**

　たとえば、「国民のデバイス使用率」を提示するとします。

　そこで、パソコンとスマートフォンの画像を載せたいと思い、検索で探すことになるわけですが、その際、「パソコンの写真」と、「デフォルメの効いたスマートフォンのイラスト」を併せて掲載すると、どうなるでしょうか？

　読み手はトンマナの不一致に、どこか違和感を覚えてしまいます。

　それを防ぐためにも、同じイラストレーターのイラストや、同じモデルの写真を利用することで、トンマナのばらつきを解消しましょう。

トンマナで写真・イラストを選ぼう

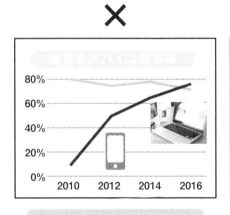

トンマナが不揃い

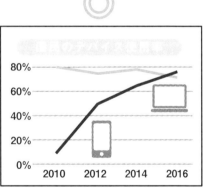

トンマナが揃っている

ここがポイント！

画像を使う際は、「意味」「サイズ」「トンマナ」を揃えることに注意を向けよう

スライドの「デザイン」を固定する

　フォントの種類、サイズ、色を決めたら、用途に合わせてスライドの「デザイン」を決めてしまいましょう。

　スライドの流れを形作るうえでは、**具体的な内容を伝えるメインページとは別に、表紙・中表紙・流れを作るページの3パターンを追加して、スライドデザインを準備しておく**ことがオススメです。

　中表紙はシンプルで構いません。段落ごとの内容をまとめて見せるために入れます。**作る際は目次に書いた内容に文言を合わせるよう注意しましょう。**目次の文言と中表紙の文言を揃えることも、相手の理解促進に役立ちます。

　メインページは**ヘッダーとフッター、ページ番号**のデザインを決めておきましょう。大まかでいいので、本文、図表の位置も決めておくとのちのち便利です。

　スライドを説明する際にページ番号が入っていないと、相手とのコミュニケーションがとりにくくなります。聞き手とのタイミングを合わせるためにも、「◯ページについてですが……」と円滑に進行できるよう、必ず入れるようにしてください。

　面倒なことは何もなく、**スライドマスター**で設定しさえすれば、自動的に反映されるので忘れずに設定しましょう。

なお、**スライドを制作するのが苦手な人は、1ページごとにスライドのデザインを見直そうとする傾向があります。**

　あくまで、フォーマットは固定して、そこに情報を埋めていくという意識を持つようにしてください。

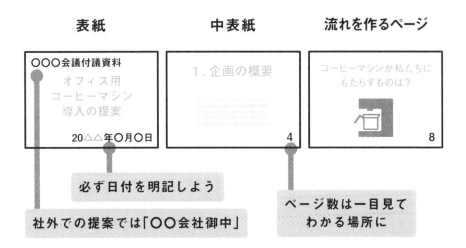

固定すべき基本のデザイン

表紙　　　　　　中表紙　　　　流れを作るページ

〇〇〇会議付議資料
オフィス用
コーヒーマシン
導入の提案
　　20△△年〇月〇日

1. 企画の概要
　　　　　　　　4

コーヒーマシンが私たちに
もたらすものは？
　　　　　　　　8

必ず日付を明記しよう

社外での提案では「〇〇会社御中」

ページ数は一目見て
わかる場所に

ここがポイント！

**スライドのデザインを固定して、
資料作成のスピードを上げよう**

スライドで使う
「デザインテンプレート」の作り方

　スライドの全体構成を固めたら、一目で見て内容が理解できるように、スライドの「デザインテンプレート」を考えます。

　読みやすいスライドを作るために意識しなければならないのは、「**情報量のコントロール**」**です。**

　1枚のスライドに書いてある要素が多くなると、情報量が過多になり、伝えたいことがかえってわかりにくくなってしまいます。

　そのため、スライドは「**結論＋本文＋グラフ or 画像**」という基本構成であるということを常に意識しましょう。

　1スライドで伝えたいことは1つまで。そのスライドであなたが相手に一番伝えたいことを大きく書き出します。詳細が気になる人のために説明を本文にまとめ、文字情報だけでは伝わりにくい内容を、グラフや画像などのイメージで補足してください。

　プレゼンがしっかりできる場合は、本文の部分は自分で話すことにして、「**結論＋画像**」というシンプルな構成でもいいと思います。

　デザインのテンプレートを固めるメリットは2つあります。

　1つはスライドを制作するにあたって、いちいちデザインに悩むことがなくなり、内容に集中できるようになることです。

もう1つは、テンプレートを決めることで、資料を見ている相手の脳にルールを伝え、理解のスピードを上げられることです。

デザインがコロコロ変わる資料は、「どこに重要事項が書いてあるのか」「どの順番で読めばいいのか」など、内容以外で考えなければならないことが多くなってしまい、相手に負担をかけてしまいます。

スライドのデザインテンプレートを固めることにより、相手が資料のデザインルールに慣れ、無意識でも重要な部分に目を向けられるように調整しましょう。

テンプレートでスライドに統一性を

表紙

中間のチェックポイント

流れ

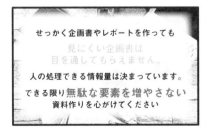

本編

ここがポイント！

一目で見てわかるスライドを作るコツは、「1スライド1テーマ」

2分割・3分割・4分割で構成する

　本書では「相手の脳のメモリを無駄遣いしない」と繰り返しお伝えしてきました。次のコツは、**「相手が理解しやすい構図」** に整理することです。

　こんなことを言うと、センスが必要なのかと思われるかもしれませんが、そもそもスライド作成にセンスは必要ありません。

　単純に紙面を均等に分割するだけでOKです。

　家の片づけでもそうですが、散らかっている部屋は棚や収納家具にルールを設けてから始めると、途端にスッキリしますよね。また、意識してポスターやチラシなどを見てみると、情報を分割して配置することで、いかに見た目をスッキリさせているかがわかると思います。

　ビジネスシーンで制作する資料も同様です。

　基本は2分割・3分割・4分割するだけで十分です。

　分割したエリアに「画像を置く場所」「結論を置く場所」など、役割を決めて情報を配置していくだけで、整理されたスライドができあがります。

　まだ慣れないうちは、スライド上に**グリッド**を表示しておくと、より視覚的にイメージしやすくなるのでオススメです。

　全体の大まかなレイアウトがすんだら、必ず最後に配置をキレイに揃えるよう見直してください。 文章の左/中央/右揃えや、グラフあるいは画像の大きさなど、ささいなズレもないようにチェックしましょう。

　この作業をするだけで、見違えるほどスライドが上手にできたように見えるはずです。

ABC 動物園役員会議

来園数増加への改善提案

20△△年〇月〇日

2 分割

表紙、中表紙、流れの
スライドに最適

「動物園離れ」は本当か

・動画で視聴
可能な時代に

・少子高齢化

・臭いに敏感な
人が増えた

3 分割

グラフ＋説明で情報を
分析するのに最適

昨年のABC動物園の取り組み

 清掃の徹底

 季節イベント
の実施

 アニメとの
コラボ
キャンペーン

ふれあい広場
の拡充

4 分割

扱う情報を並列して
伝えるのに最適

ここがポイント！

スライドを均等分割すれば、
誰でもレイアウトをキレイに見せることができる！

スライドを読む「目線」はZで動く

　スライドを作るうえで知っておいてほしいことが、スライドを見る人の**「目線の動き方」**です。目線の動きに合わせて情報を並べるだけで、相手は楽に情報を取得することができます。

　原則としてプレゼンのスライドは横向きになりますので、**スライドを見る相手の目線は「左から右」へ動きます**。もちろん縦の動きは「上から下」が基本です。

　このルールに合わせると、スライド上に並べられた情報は、右図のようなZの形で目に入っていくことになります。したがって、**伝えたい情報の流れも常に、スライド上ではZに並べる習慣をつけてください。**

　この目線の流れがわかれば、意味に応じて情報の並べ方のルールが決まります。**フロー図など、流れがあるものを表現する場合は左から右に、時間が絡むものも過去から未来という流れがわかるように、左から右に図式化しましょう。**そのほかビフォー/アフターを表す場合も、ビフォーが左、アフターが右になります。

　また、目線は常に上から下に動くので、結論を明確にするのであれば、上に大きく結論を、その下に続く説明や補足のグラフは、左から右へと配置しましょう。
　ルールを崩さなければならない場合は、矢印など、目線を補完する記号をつけてあげることをオススメします。

目線の動くルールと内容のレイアウトが一致していない場合、読んでいる人の頭の中は「あれ？」と、一瞬疑問が生じてしまいます。

　どれだけ流暢なプレゼンができていたとしても、こうしたちょっとした配置の問題で相手の脳を使わせてしまうのは、実にもったいないことです。

　目線の流れに合わせて情報を並べることは、スライドを読むストレスを減らし、たとえ集中していなくても、相手が無意識に情報を理解できる状況を作るために必須です。覚えておきましょう。

Ｚの目線を意識したスライド

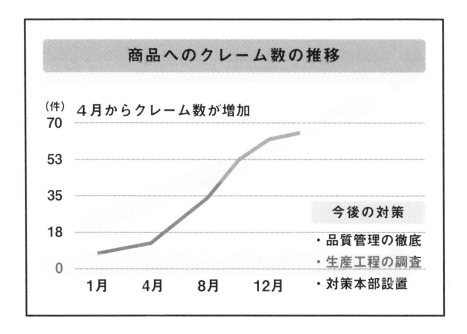

スライドを見る目線を意識して、情報を配置する

「矢印」を使って目線を
コントロールする

　前のページで、自然な目の動きに合わせたレイアウトの重要性を説明しました。

　プレゼンにおいては、このZの流れを意識することによって、無意識に相手の目線をコントロールすることが可能になります。

　ここではさらに、**「矢印」**を使って目線を誘導することで、より効率的に相手を自分の流れに乗せるスキルを学びましょう。

　スライドの中に入れる矢印も、形や色によって表す情報量が変わります。相手に負担をかけずに情報を理解してもらえるよう、本書では常にルール決めを推奨していますが、矢印も形や色を揃え、読み手の集中を邪魔しない工夫が必要になります。

　矢印の仕様を決める際には、できる限り**シンプルなデザインのもの**を選んでください。Power Pointに登録されている矢印を使うと、意外と形を整えるのに無駄な手間がかかります。

　一番シンプルな方法としては、図の矢印を使うのではなく、二等辺三角形を回転させたものでも十分に活用できます。

　また、矢印はあくまで視線を誘導するためのオプションです。そのため、ほかのメインコンテンツを邪魔しない色を使うようにしてください。

　すでに使っている色と同色か、薄めの色味にして、引き立て役としてレイアウトしてみましょう。**矢印の使い方が上手になるだけで、資料の読みやすさは格段に上がります。**

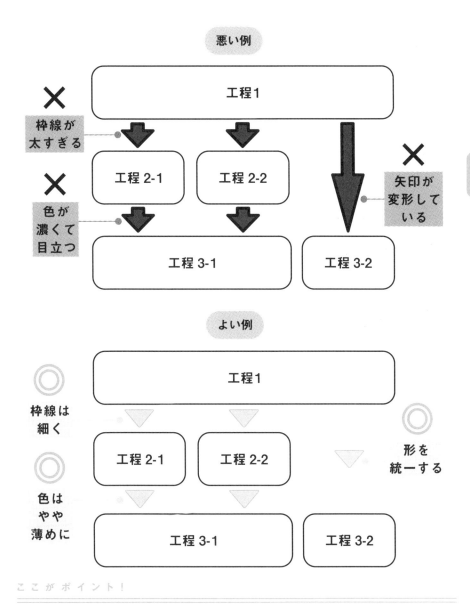

悪い例

工程1

× 枠線が太すぎる

工程2-1　工程2-2

× 色が濃くて目立つ

工程3-1　工程3-2

× 矢印が変形している

よい例

工程1

◎ 枠線は細く

工程2-1　工程2-2

◎ 色はやや薄めに

工程3-1　工程3-2

◎ 形を統一する

ここがポイント！

読みやすくするカギは、矢印のルール化にあり！

「チャート」で情報を整理する

　スライドをさらにわかりやすくするテクニックとして、情報を「チャート」で整理する方法があります。ただ、自分でいちからチャートを作ろうとすると、意外に時間がかかるものです。

　そこで本書でオススメするのが、**「チャートの型を覚えて、状況に応じて情報をあてはめていく」**という方法です。

　チャートは情報と図を組み合わせて考えなければならないため、形としてまとめるのに時間がかかってしまいます。これを防ぐために、テンプレートを覚えてしまい、選んだチャートに自分の持つ情報を流し込んでいくわけです。

　チャートは数多く種類がありますが、あまり多くを活用しようとすると、今度はどれを使おうかと迷ってしまいますので、本書では、**列挙型、フロー型、回転型、拡散／合流型という4つの基本的なチャート**だけ紹介しておきます。

　この4つを目的別に使い分ければ、ほとんどの状況に対応できます。
　それぞれ向き・不向きもありますので、右図をしっかり覚えてください。慣れてきたら専門書などを参考に、使えるチャートの幅を広げていくといいでしょう。

列挙型

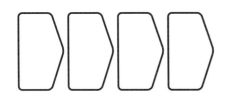

順序立てて流れを
見せるのが得意

フロー型

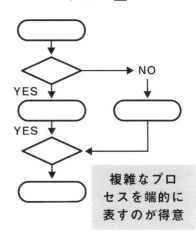

NO

YES

YES

複雑なプロ
セスを端的に
表すのが得意

回転型

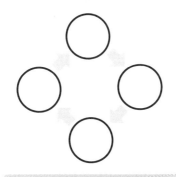

手順や利害関係を
表すのが得意

拡散／合流型

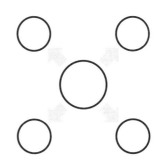

中心からの展開を
見せるのが得意

ここがポイント！

チャートは型を覚えて、
そこに情報を流し込むだけでうまくいく

「グルーピング」で関係性を明確にする

　デザインやレイアウトを考える際に、誰でも簡単に使えるテクニックとして「グルーピング」があります。

　人の脳は、「まとまりをグループとして捉える」というクセがあります。

　この性質を利用したデザイン上のテクニックが「グルーピング」です。

　グルーピングにセンスはいりません。ただ、**同一カテゴリーとして認識してもらいたいものを近くに配置する**だけで、その効果を得ることができます。

　右図を見るとわかりやすいのですが、散らばった文字情報を見ても、文字情報以上の意味は感じられません。しかし、同じ情報でも同一カテゴリーのものを近くに配置するだけで、意味を理解しやすく、より引き締まった印象を与えることができます。

　適切なグルーピングを行うと、一目見ただけで情報の表す関係性が見えてくるので、とても便利です。

　グルーピングは配置だけでも有効ですが、それぞれのカテゴリーを明確にしてあげると、さらにわかりやすくなります。

　カテゴリー名を明示する、枠で囲う、色やデザインを揃える――。

　表現方法はさまざまありますので、ぜひ試してみてください。

グルーピングで伝わる速度が早まる

バラバラな文字情報ではよくわからない

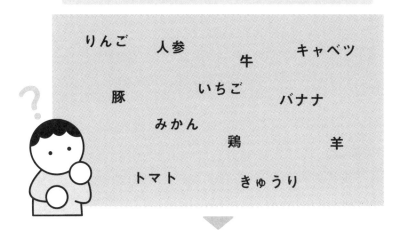

りんご 人参 牛 キャベツ
豚 いちご バナナ
みかん 鶏 羊
トマト きゅうり

グルーピングでレイアウトが締まる！

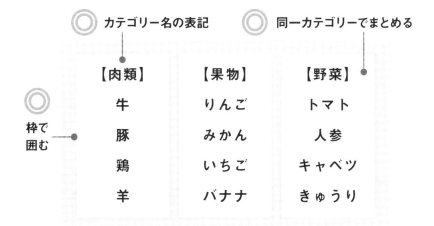

◎ カテゴリー名の表記　　◎ 同一カテゴリーでまとめる

【肉類】	【果物】	【野菜】
牛	りんご	トマト
豚	みかん	人参
鶏	いちご	キャベツ
羊	バナナ	きゅうり

◎ 枠で囲む

ここがポイント！

配置、色、デザイン、枠などでグルーピングして、
見た目だけで「意味」を伝えよう

スライドを作るときの
上手な「余白」の使い方

　スライドが完成に近づいた際、余白があると「何かで余白を埋めなければ！」という思いに駆られたことはありませんか？

「余白のない資料がいい資料だ」と思っている人が一定数いますが、実際はそんなことはありません。
　余白があるからこそ、伝わりやすくなることのほうが多いのです。

　説明が足りないのであれば、余白に新しい情報を追加するのも悪いことではありません。
　しかし、「余白を埋めること」が目的になってしまうと、余計な情報が増えてしまい、相手の理解を妨げてしまう危険性があります。

　余白は資料における「仕切り」みたいなものです。棚を整理するときも、仕切りがないとわかりにくいですよね？
　余白のない資料は、仕切りのない棚と同じです。情報が密になり、混在して見えるため、読み手に圧迫感を感じさせてしまうのです。

　さらに、余白のない状態では、資料上のルールがわかりにくくなり、どのように情報を追えばいいのかもわからなくなります。

　その点、余白を意図的に設けられれば、資料内に視覚的な仕切りが作られ、情報がグルーピングされて目に入ってくるようになります。
　余白という**「見えない仕切り」を有効に使うことで、無駄な情報をス**

パッと省き、必要な情報だけを効果的に相手に伝えることができるようになるのです。

　もし完成した資料を見て、余白が目立つと感じた場合は、その余白を利用して、情報のグルーピングを明確にすることに意識を向けてみましょう。
　それだけで資料の伝わり方がガラリと変わります。

「見にくいな…」と思ったら余白に工夫を

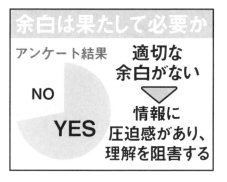

どこに目を向ければ
いいかわからない

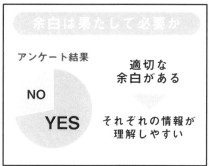

余白があることで
グルーピングが明確に！

ここがポイント！

余白は資料の「仕切り」だと考えて、
情報の整理に活かそう

文字量は少なく、文章は短く!

　文字の詰まった文書はもとより、スライドも文字が多いと読み手は疲れてしまいますよね。シンプルで見やすいスライドを作るときは、文書を作るとき以上に文字量を減らすことを意識しましょう。

　特にスライドにおいては、図やイラストなどのイメージで情報を補足することが可能です。余計な表現は控えて、伝えたいことを短く言い切ってしまったほうが、効果的に伝わります。

　それは、この項目のタイトル「文字量は少なく、文章は短く!」を例に見てもわかるかと思います。
　丁寧に書けば「スライドを作るときは、文字量は少なく、文章は短くしましょう!」となりますが、不必要な部分を切り取って、必要なことだけを伝えたほうが読み手にとっては理解しやすくなります。

　特に、スライド上でテーマや結論を説明する場合は、できる限り短い文章にするようにしてください。
　スライドの長文を目で追いながら口頭での説明を聞くことは、プレゼンを受ける側にとって、プラスに作用することは決してありません。

　主語や「です」「ます」といった助動詞、不必要な修飾語はできるだけ省いて、ぱっと見てわかる短い文章にすることを心がけましょう。
　それだけで相手は情報を理解しやすくなります。

11 月営業部販促会議

次回の会議までに

来月のミーティングでは、
今月行った施策の結果発表を
する予定です。
事前に自分の行った施策の
データをまとめたうえ、
提出をしておいてください。

28/30

11 月営業部販促会議

次回のテーマ
「11 月の結果共有会」

参加者は事前に施策の
データを提出してください

28/30

ここがポイント！

「文章は短く、余計な繋ぎ言葉、修飾語を使わない」
ことが理解しやすい資料の大原則

「アニメーション」を使って
見せる情報をコントロールする

　プレゼン用の資料ができ上がったら、最後に**「アニメーション」**の調整を行います。

　ただ、アニメーションにもメリットと、デメリットがあります。以下のことを踏まえながら活用していきましょう。

●メリット
・見せる情報量をコントロールでき、プレゼンにメリハリが効く
・こちらが意図する順番や流れを自然に演出できる

●デメリット
・動きがつくことで、相手の理解を妨げる恐れがある
・環境によっては、アニメーションが機能しない危険性がある

　デメリットを理解したうえで、メリットを活かせるプレゼン内容であれば、アニメーションは積極的に利用すべきだと私は思います。

　というのも、スライドの情報量が多くなった場合、アニメーションなしでスライドを表示させると、相手は目から入ってくる情報を一度に理解しようとするため、肝心な点に注意を払ってくれなくなるからです。

　相手の脳のメモリを無駄遣いさせないためにも、情報を切り分け、アニメーションで理解すべき順番や重要性をこちらから提示するべきなのです。

メリット

効果的な演出が
できれば、
メリハリが効く

デメリット

演出過多で、
理解が追いつかない
場合も

たとえば、箇条書きのスライドでプレゼンするとして、アニメーションをつけずに最初からすべての情報が見えている場合と、アニメーションをつけて1つずつ情報を示した場合の違いを考えてみましょう。

　アニメーションがついていないと、箇条書きしたスライドを相手が読んで理解する形になります。一度に入ってくる情報量が多いため、各項目への注目は薄くなりますし、飛ばし飛ばしで読む人も中にはいるかもしれません。

　一方、アニメーションをつけて、箇条書きの情報を1つずつ出していく形であれば、プレゼンに合わせて相手の意識をそれぞれのトピックに集中させることができます。
　前者と比べた場合、少しずつ情報が入ってきますので、理解のしやすさは格段に上がるでしょう。

　チャートなどの、読む順番があるものを説明する場合も、箇条書きと同様に、情報をアニメーションで切り分けて順に見せることで、よりわかりやすく伝えることが可能になります。

　資料作りは作るのが目的ではなく、相手に伝えることが目的です。
　どうすれば相手にわかりやすく伝わるかを考えて、アニメーションを有効活用していきましょう。

プレゼンターの話に合わせて内容を表示させる

ここがポイント！

アニメーションを利用して、相手に見せる
情報量や順番をコントロールしよう

プレゼン時の配付資料は 2種類準備する

　配付資料として、印刷したプレゼンのスライドをそのまま配ってはいませんか？　プレゼン資料を作るのと、配付用の資料を作るのとでは、情報を整理する考え方が変わってきます。

　プレゼンは、聞き手に顔を上げて見てもらうものです。したがって、画面で見せたほうがいい情報と、口頭による補足情報に分けて作ります。

　一方で、配付資料は読ませる資料です。資料を読むだけで伝えたい内容がわかる必要があります。**そこの違いを理解したうえで、私は配付資料を2種類準備することをオススメしています。**

　1つは、**プレゼンの全体概要がわかるまとめ資料**です。

　プレゼンターを困らせる要因として、スライドをそのまま配付資料として配ると聞き手がそればかり読んでしまい、プレゼンに集中してくれないことがありますよね。

　ただ、配付資料のないプレゼンは全体像がつかみにくいです。

　そこで、**長めのプレゼンテーションをする場合には、プレゼンの全体を要約したA3資料を1枚準備しておきましょう。**

　この資料は、言わば「プレゼンの地図」です。これを読みながらプレゼンを聞いてもらうことで、相手は全体像を俯瞰しながら、集中してあなたの話を聞いてくれます。

　もう1つは、**提出用の資料**です。これはプレゼン終了後に配付します。プレゼン内容を聞いていない、もしくは参加できなかった人が読むことを想定して、プレゼン資料よりも内容を充実させておきます。

　プレゼンには収まらなかった細かいデータなども、必要であればこち

らに添付しておきましょう。

　一般的に提出用の資料は読ませるために作るので、プレゼン資料よりも枚数、文字数ともに多くなります。ただ、社会人の多くは日常の業務で時間がありません。そこで、**提出用の資料の「ここだけは！」という部分には付箋をつける、マーカーを引くなど工夫をしておきましょう。**
　渡す際には、「重要な部分には印をつけておきました。そこだけでも読んでください！」などと一言添えると効果的ですし、「そこまでやってくれたのか」と、好感度も上がることでしょう。

　また、本書は巻末付録としてQRコードからA3資料のサンプルがダウンロード可能です。ぜひ活用してみてください。

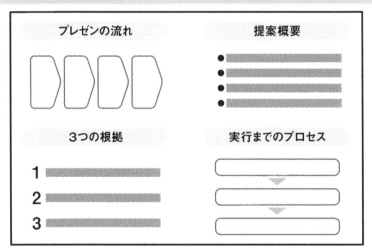

A3資料が聞き手の理解を助ける

全体を把握したうえで、プレゼンに集中してもらおう

ここがポイント！

「プレゼンの地図」としてA3のまとめ資料を、
「読めばわかる資料」として配付資料を準備しよう

資料作りは「うなぎ屋の秘伝のタレ」みたいなもの!?

　資料作りって、大変ですよね。毎回、新しい企画を考えて、資料のまとめを続けていたら、いつまで経っても終わりが見えてきません。「もう疲れた、やめたい」と思うこともあるでしょう。

　このコラムでは、そんなあなたのために、**「資料は作れば作るほど楽になる」**ということをお伝えしたいと思います。

　実は、**資料作成が早い人というのは、毎回、提案内容に合わせて、いちから提案資料を作っているわけではありません。資料作りは「うなぎ屋の秘伝のタレ」**みたいなものです。その秘密をお教えします。

　まずは、うなぎのかば焼きにつけるタレを想像できますでしょうか？
　焼き場の横に置いてある、茶色い壺の中に入っているアレです。毎回、うなぎにタレをつけては焼き、タレをつけては焼きを繰り返し、先祖代々大切に保管されています。

　あの「秘伝のタレ」も、毎朝、調味料を調合して作っているわけではないですよね？　毎日うなぎをタレにつけることで、うなぎの脂がタレに混じり、タレがなくなった分だけ調味料を継ぎ足し継ぎ足し熟成させていく。そして、その年月がお店のブランドとなり、秘伝のタレになっていきます。

まさにプレゼン資料も「うなぎ屋の秘伝のタレ」と同じで、使いまわせる部分はどんどん使いまわし、熟成させていったほうが、時間をかけることなくいい資料ができるようになります。

　プレゼン資料も初めのうちは何もベースがないので、全ページゼロから作り始めるしかありません。加えて、ゼロから作り上げたプレゼン資料は、まだ提案実績がないため、いいのか悪いのかもわかりません。きっと始めは決定率も低いでしょう。

　しかし、提案を重ねて、相手の反応がわかり、改善することで結果が出始めると、だんだん「この見せ方だとわかりやすいなぁ」とか、「このテンプレートは使いまわしが利きそうだなぁ」とか、「このアイデアは社名を変えただけでほかの会社でも使えそうだなぁ」といった工夫ができるようになり、手元に財産として残っていきます。

　提案して結果のよかった資料のテンプレートが手元に溜まってくると、次の提案の際には全ページをゼロから作る必要がなくなってきます。
　そのまま使えるページがあったり、過去の提案の中身を少し差し替えるだけで、提案することも可能な場合があります。

　過去の資料を活用しながら提案を繰り返し、相手の反応を見たうえで、またそのテンプレートは改善してとっておき、次に繋げていきましょう。
　何度も提案を重ね、相手の反応を見て、改善を続けた資料は、まさにあなたにとって「うなぎ屋の秘伝のタレ」と同じ。熟成すればするほど、資料作成は楽になり、通過率も上がっていきます。

ただ、プレゼン資料をこの「うなぎ屋の秘伝のタレ」のように仕上げていくのには、少しコツがいります。

　それは、**常に「汎用性を考えた資料作りをしよう」という意識を持って資料を作ることです。**なぜなら、特定の会社にしか使えない資料を作ってしまうと、使いまわしが利かなくなってしまうからです。

　「同じテンプレートを改善しながら使いまわしていると、飽きられてしまうのではないか」──と不安になるかもしれませんが、そこは心配ありません。

　私の経験から言っても、本当にわかりやすい資料は、たとえ状況が変わったとしてもわかりやすいものですし、異なる提案に流用しても、またいい結果に繋がる可能性が高いです。

　私の前職の「売れるネット広告社」の加藤公一レオさんの資料作りは、まさにこの理論を徹底的に追求していました。
「提案して」「素材を作って」「良かったもの」を組み合わせていく──。
　徐々に新しいページは追加されていくものの、基本はほとんど変わることがありません。

　結局は時代や流行、ニーズに合わせてこまごま提案を変えていくより、長く使えるものを考え、突き詰めていくことが真理なのでしょう。

　この点は社会人として経験を積んでいくうえで重要な要素になりますので、ぜひ頭のどこかで意識しておいてください。

伝わる「グラフ」の
考え方と作り方

伝わる「グラフ」作成時の4つのポイント

① 適切な
グラフの
選び方

② グラフ制作の
基本の確認

③ グラフの
デザイン調整

④ グラフに
データを補足

なぜ、スライドに
「グラフ」は不可欠なのか？

　第4章でスライドの作業工程を理解したら、次は資料には必須と言える、**「グラフ」**について考えていきましょう。

　「グラフがあると理解が進む」──。

　その事実が揺らぐことはないと思います。しかし、なぜ私たちはデータをグラフ化すると、わかりやすいと感じるのでしょうか？

　その理由は、数字だけでは具体的なサイズや量をイメージするのが難しいからです。

　私たちは仕事や生活の中で、日々数字を活用していますが、**「その数字の具体的な大きさ」**を考えることはあまりないと思います。

　よくある例ですが、「東京ドーム1個分」という表現がありますよね。

　Wikipediaには「東京ドーム（単位）」の説明がありますので、そこから引用すると、「東京ドーム1個分は体積で124万㎥、面積では46,755㎡」だそうです。

　東京ドーム1個分と言われると、とにかく大きそうに感じますが、「124万㎥」「46,755㎡」と言われたら、大きさがピンときませんよね？

　これは、その単位の表す数字の大きさが、頭の中でイメージできる具体的な大きさを超えてしまっているからです。

　数字や単位はあくまで抽象的な概念を表しています。そのまま伝えるだけでは、人それぞれのイメージで変換されてしまうため、伝わり方に差が出てしまうのです。裏を返せば、**伝えたい数字や単位の大きさを具**

体的にイメージしてもらい、相手に認識を共有するためには、グラフで視覚的に訴えることが不可欠なのです。

　また、グラフを使ってデータをイメージとして表現できると、さらに大きなメリットが2つ得られます。1つは**「記憶してもらえる」**こと、もう1つは**「比較してもらえる」**ことです。

　抽象的な数字はイメージしにくく、提案に盛り込んでもなかなか相手の記憶には残りません。

　数字だけではなくグラフ化して提示することで、初めて相手に**「具体的なイメージ」**として記憶してもらえるのです。

　また、データだけを提示したのでは、数字と数字との間にどれだけの差があるのか、どれがどのくらいの割合を占めるのか、計算しなければ理解は進みません。そして相手に計算させてしまうと、テーマとは別の部分で脳のメモリを消費させてしまいます。

　グラフ化してその差や割合をイメージとして伝えることで、相手は計算に頭を使う必要がなくなり、具体的にデータを理解することができるのです。

　数字は資料の中では、テーマを補完、補強していく要素です。

　この章を読み進めることによって、グラフを使って端的に伝えたいデータの規模や大きさ、比較部分や割合を表現できるようになりましょう。

ここがポイント！

グラフを使って、数字をよりわかりやすく相手に伝えよう

膨大なグラフの中から、一番適したものを選ぶ

　では、グラフを作成する工程を具体的に見ていきましょう。

　グラフを作るときにまず重要となるのが、**「グラフの選び方」**です。
　あなたは、「とりあえず棒グラフでいいか！」などと、安易にグラフを選んでしまってはいませんか？
　せっかく数値をグラフ化しても、誤ったグラフを選んでしまうと伝えたいイメージが正しく相手に伝わらなくなってしまいます。

　グラフの目的は、数値の大きさや変化を、視覚情報として相手に伝えることなので、それぞれのグラフの特徴を把握して、正しく使わないと意味がありません。

　まずは、「棒グラフ」「折れ線グラフ」「円グラフ」の主要な3つのグラフについて、得意なこと、不得意なことを確認していきましょう。
　それぞれのグラフが相手に与えるイメージを理解し、使いこなせるようになるだけで、あなたの資料のレベルは格段に上がるはずです。

【20代へアンケート】 Q.年に一度旅行に行きたい	
そう思う	**40%**
どちらでもない	**10%**
そう思わない	**50%**

をグラフ化すると……

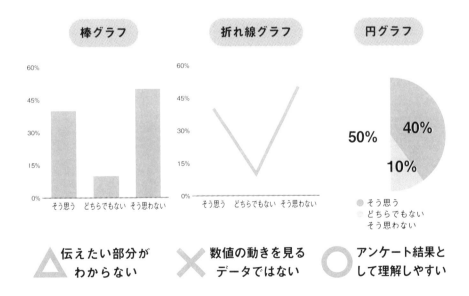

棒グラフ

△ 伝えたい部分が
わからない

折れ線グラフ

✕ 数値の動きを見る
データではない

円グラフ

◯ アンケート結果と
して理解しやすい

ここがポイント！

グラフを作成する際には、
それぞれの向き・不向きを検討してから始めよう

第5章 伝わる「グラフ」の考え方と作り方

「棒グラフ」の効果的な使い方

　前の項目で代表的なグラフは３つあるとお伝えしましたが、一番メジャーなグラフと言えば、「棒グラフ」でしょう。

　「棒グラフ」は、**数字の規模の大きさの比較に向いています。**「棒グラフ」は数値が棒の面の広さで表現されるので、売上や量の比較を視覚的に行いやすいです。

　縦軸に数値、横軸に比較したい内容を配置することで、店舗ごとや営業マンごとの売上比較などによく使われています。また、縦軸に数値、横軸に時間をおくことによって、月ごとの降水量の変化など、**決まった期間ごとの量を比較するのにも効果的です。**

　棒グラフにするか、折れ線グラフにするかで悩むことがあるかもしれませんが、

　　期間ごとの "量" を比較するのであれば「棒グラフ」
　　期間ごとの "変化率" を見たいのであれば「折れ線グラフ」

　──と覚えておくといいと思います。

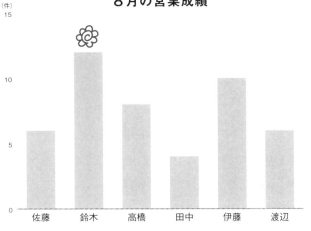

数値の比較が
直観的にわかる

8月の営業成績

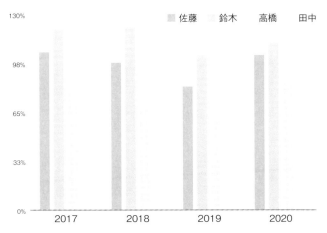

期間や項目が
複数に渡ると
わかりにくい

過去4年の営業成績

ここがポイント！

一 定 期 間 の 売 上 や 量 を 比 較 す る 場 合 に は
「 棒 グ ラ フ 」 が 最 適

「折れ線グラフ」の効果的な使い方

次によく使われるグラフが、「折れ線グラフ」です。

「折れ線グラフ」は、**時系列での「変化の推移」を表現したいときに便利です。**

点と線とで構成されているので、横への変化がわかりやすく伝えられます。一方で、点と線とで表示されるため、「棒グラフ」のように量をイメージさせるのには向いていません。

また、「折れ線グラフ」は「棒グラフ」が苦手とする、複数項目の変化を伝えるのも得意としています。

A社、B社、C社の年間売上の推移を「棒グラフ」で作ってしまうと、年ごとに3社分のグラフができるため、ごちゃごちゃして見にくいですが、「折れ線グラフ」を利用することで、この問題を解決することができます。

ただし、折れ線グラフは点と線とで構成されており、色で分類分けしなければならないので、**比較する項目があまりに増えすぎると、グラフが理解しにくくなってしまいます。**

その際は、項目を減らしてデータ量を調整するか、線の太さを変えて視認性を上げることで、見やすさを調整してみてください。

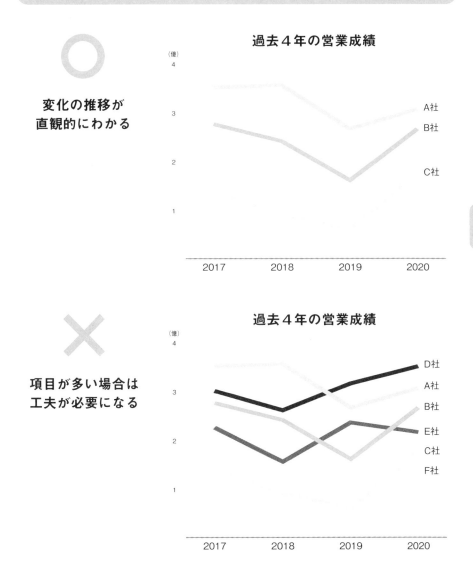

○

変化の推移が
直観的にわかる

過去4年の営業成績

（億）
4
3
2
1

A社
B社
C社

2017　2018　2019　2020

×

項目が多い場合は
工夫が必要になる

過去4年の営業成績

（億）
4
3
2
1

D社
A社
B社
E社
C社
F社

2017　2018　2019　2020

第5章

伝わる「グラフ」の考え方と作り方

ここがポイント！

「変化の推移」を比較したいときは「折れ線グラフ」が最適

「円グラフ」の効果的な使い方

最後に「円グラフ」です。丸型やドーナッツ型として見かけることが多いですよね。円グラフはなんと言っても**「100%のうちの何%なのか」という要素の構成比、割合を伝えやすいのが特徴です。**

円グラフは「アンケート結果」や「タイムスケジュール」など、全体に対して各項目がどれだけの割合を占めているのか、視覚的に表現するのに適しています。ほかにも、売上に対する各商品のシェアを表示する場合などに使うと、わかりやすいです。

円グラフで注意しておきたいこととしては、項目数を増やしすぎないことです。**項目数が多いと、視覚的に割合を把握しやすいという円グラフのメリットを感じにくくしてしまいます。**

占めている面積の差が細かくなってしまったときは、共通の項目はまとめるなど、円グラフのメリットを活かす調整をするといいでしょう。

もう1つは色の使い方です。

円グラフは割合をまとめて表現するため、色の影響を受けやすいグラフと言えます。色には膨張色と収縮色があり、色によっては目の錯覚で正しい割合を表現できなくなってしまいます。その点を踏まえつつ各項目を調整しないと、ポジティブな数値が目立たず、ネガティブな数値が悪目立ちする場合があるので注意しましょう。

○

全体における
何割なのかが
わかりやすい

1日の平均スマホ使用時間

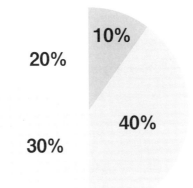

10%

20%

40%

30%

- 1h 以上
- 2h 以上
- 3h 以上
- 4h 以内

×

項目が多いと
「パッと見てわかる」
とはならない

スマホでよく使う機能

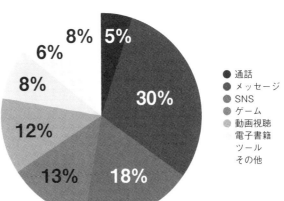

8%

6%

8%

12%

13%

5%

30%

18%

- 通話
- メッセージ
- SNS
- ゲーム
- 動画視聴
- 電子書籍
- ツール
- その他

ここがポイント！

円グラフは「全体における何％」を際立たせる

グラフの「タイトル」と
「凡例」は必ず表示する

「どのグラフを使うべきか」ということが明確になったら、ここからは、より効果的に伝わる**「グラフの見せ方」**を学んでいきましょう。

　まずは、「何のグラフなのか」ということが端的に伝わるように、**「グラフのタイトル」を一度しっかり考える**ことが重要です。

　タイトルの重要性は言わずもがなですが、意外にもタイトルが抜けているグラフを見かけることがよくあります。作っている本人は「そのグラフが何を示しているか」についてわかっているため、「読み手も理解できるだろう」と考え、忘れてしまうことが多いようです。

　初めて資料を見る人にとっては、そのグラフが何の数字を示したものなのかはわかりません。たとえ文中で説明していたとしても、必ず何のグラフなのかをタイトルで表すようにしましょう。

「タイトルがなくても、プレゼンで説明できるから」と思われるかもしれませんが、これがそのまま配付資料になってしまうと、資料だけを見る人にとっては、グラフの意図することが伝わりません。

　また、タイトルと合わせて確認したいのが、グラフの**「凡例」**です。凡例のわかりにくいグラフも、何を比較しているのか理解できません。プレゼンでもしっかり伝わるよう、フォントの大きさを調節しながら、邪魔にならない程度に掲載しておきましょう。

　グラフは「数値を具体化することで理解を促進させる」ためにあります。グラフにもしっかりタイトルで「自己紹介」をさせて、何を伝えたいのかが明らかになるようにしましょう。

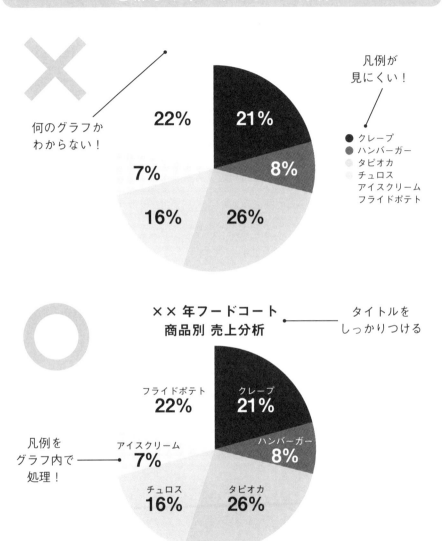

✕

何のグラフか
わからない！

凡例が
見にくい！

22%　21%

8%

7%

16%　26%

● クレープ
● ハンバーガー
○ タピオカ
　 チュロス
　 アイスクリーム
　 フライドポテト

○

××年フードコート
商品別 売上分析

タイトルを
しっかりつける

フライドポテト
22%

クレープ
21%

凡例を
グラフ内で
処理！

アイスクリーム
7%

ハンバーガー
8%

チュロス
16%

タピオカ
26%

ここがポイント！

**「タイトル」のないグラフは何のグラフかわからない。
必ずグラフには「タイトル」をつけよう**

グラフの「縦軸」と「横軸」との関係を明確にする

　もう1つ、グラフをわかりやすく見せるポイントが、**「縦軸と横軸が何を表しているのかを明確に表現する」**ということです。

　たまに、縦軸と横軸の関係性がわかりにくいグラフを見かけることはありませんか？　グラフが意図することが正確に伝わるように、縦軸と横軸との関係性について押さえておくべき点を知っておきましょう。

　グラフは数値を視覚的に表すものです。

　まずは、**「人が視覚的に縦と横に対してどのようなイメージを持つのか」**ということを理解しましょう。

　縦軸については、イメージは**シンプルに「上が多く、下が少ない」**です。上にあるほどプラスなイメージがあり、下になるほどマイナスなイメージを与えます。また、縦軸は数量を表すことが基本なので、単位の明示も忘れないようにしましょう。単位がないと、たとえば売上が「100万円単位」なのか、「1000万円単位」なのかわかりません。

　次に横軸ですが、目線は左から右へ動くため、時間軸で言えば**「左が過去で、右が未来」**を表します。また、項目を並べるときも左に数値の大きいものを配置するとマイナスを強調し、右に数値の大きいものを配置すると、プラスが強調されます。

　縦軸、横軸が持つイメージに合わせてグラフを作ることで、見る人が思考を働かせなくても、理解しやすいグラフに近づくというわけです。

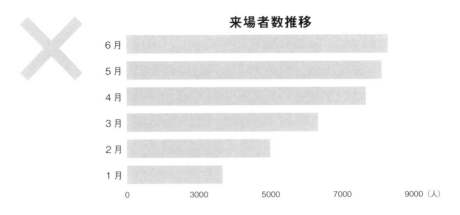

縦軸と横軸のイメージがそぐわないと、理解しにくい！

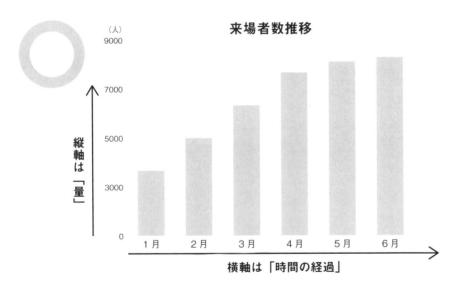

縦軸と横軸のイメージに合わせよう

ここがポイント！

縦軸と横軸が持つ視覚的なイメージを理解しよう

「出典」は明確かつ詳細が
わかるように明記する

　プレゼンはグラフがあるだけでグッと引き締まるものですが、特に読み手に信憑性を与える部分は、どこにあるのでしょうか?

　それは、**数値の詳細でもグラフのクオリティでもなく、「出典元」**です。

　どんなに説得力のあるグラフでも、むしろ説得力があるグラフであればあるほど、人はどのように調査したデータなのかが気になってしまうものなのです。

　出典元のないグラフだと、「本当にこのグラフを鵜呑みにしていいのか?」と不安になりますし、「自社調べ」とただ書いてあっても、本当の結果なのか懸念が残ります。テーマを補強するデータをしっかり信じてもらうためにも、**グラフを作るときは「出典元」を忘れずに明記しましょう。**

　出典元を明記する際の注意点としては、少なくとも**「いつ」「誰が」「何名を対象に」**検証したものなのかがわかるよう示してください。

　また、古いデータを使い回さず、随時新しいものに更新したほうが、信頼性は高まります。
　調査主体も客観性のある第三者が検証した情報を探し、調査数も多ければ多いほど、そのデータの信頼性が上がります。

グラフは文章以上に相手を説得する力を持っていますが、その力ゆえに、その**データの信頼度が重要**です。

　せっかく出典元のはっきりしたデータを使っていたとしても、その情報が相手に伝わらないのであれば、意味がありません。しっかりと調査年月、調査主体、調査母数を記載しておきましょう。

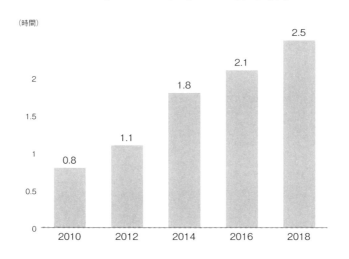

40代における平均スマホ利用時間

**重要なデータには
必ず出典の詳細を！**

「全国スマートフォン利用調査」
対象：全国の40代男女1500人
調査期間：20××年○月○日〜△月△日
調査方法：インターネット調査（機関：○○研究所）

ここがポイント！

出典を明記して、グラフの信頼を大幅に上げよう

「無駄なグラフデザイン」は極力削る

どのグラフにも言えることですが、大切なことは**「必要な情報だけをスッキリと！」**です。

人は、目から見える情報すべてを脳で処理しようとします。

つまり、目から入る情報を整理し、できる限り脳が処理する情報量を減らすことが、**「伝わるグラフ」**の第一歩なのです。

表としてまとめたデータをそのままグラフにすると、テーマの説明には必要のない項目も、グラフに表れることがあります。したがって、グラフを作るときは、**必要な情報だけを届けるために、不必要な表現を削っていくことが大切**です。

右図を用いて説明していきましょう。自動作成したグラフは、グラフ以外にも「枠線」や「目盛り」が存在しています。**枠線は無駄なので、まず削除してください。目盛りはグラフの内容によって、必要な目盛りとそうでないものがありますので、プレゼンに関わるものだけを残しておきましょう。**

もし、「データラベルをつければ十分」というシンプルなグラフであれば、それはそれで構いません。その場合もデータラベルを見やすい大きさにし、伝えたいことが明確になるよう調整してください。

また、データラベルを使うときはラベルに**「単位」**をつけてあげると、よりスッキリとしたわかりやすいグラフになりますので、適宜工夫してみるといいでしょう。

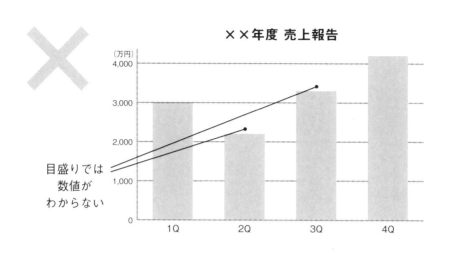

××年度 売上報告

目盛りでは
数値が
わからない

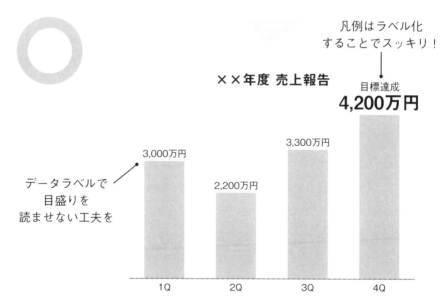

凡例はラベル化
することでスッキリ！

××年度 売上報告

目標達成
4,200万円

データラベルで
目盛りを
読ませない工夫を

3,000万円

2,200万円

3,300万円

ここがポイント！

より伝わるグラフとなるよう、必要な情報を吟味する

重要なデータに絞り、無駄なデータは見せない

デザインの無駄を省いたら、**「グラフのデータ自体」**も推敲していきましょう。

売上などの数字の報告を行う際に、データそのままをExcelでグラフにしていませんか？　データ自体が少ない場合はそれでいいのですが、**データが多い場合は、不必要なデータを削除することが必要です。**

たとえば、「前年度実績」と「今年度実績」を比較した報告をするとしましょう。しかし、Excelのデータが5年分まとまっていたら、そのままグラフにしてしまう人が多数います。

数値の推移を表現する必要があるのなら、複数年をデータに落とし込むべきですが、昨年との比較が目的であれば、前年度のデータと今年度のデータだけを見せたほうが、理解は進みます。

また、円グラフを作るときは、特にデータの整理が大切です。

円グラフは、割合をわかりやすく表現できる便利なグラフですが、データの項目が多いと、グラフで表す割合が細分化されてしまい、結果的にシェアがわかりにくくなってしまいます。

円グラフを効率的に使いたい場合は、主要な要素を決めて、シェアの低い項目はまとめてしまったほうが、より伝わりやすいグラフになります。

スライドに細かなデータが表示されると、人はデータすべてに意味があるのかと思い、理解しようとしてしまいます。相手の理解する工数を減らすためにも、必要のないデータの見極めをしっかり行いましょう。

5年間の売上高

データを
そのまま
グラフ化しない！

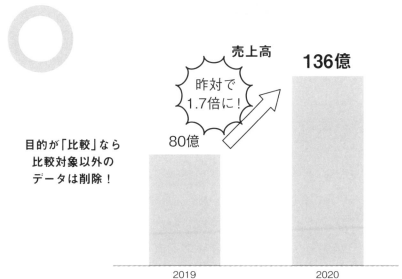

目的が「比較」なら
比較対象以外の
データは削除！

売上高

136億

昨対で
1.7倍に！

80億

ここがポイント！

データを整理して、
伝えたいことだけが伝わるグラフを作ろう

相手が計算したくなる情報は入れない

　数値をグラフに置き換えることによって、視覚的にデータを伝えやすくなりますが、掲載する数値によっては、その効果が半減してしまうことがあります。

　それは、**「グラフとの関係性を計算したくなる数値」**を載せてしまうことです。

　プレゼンにおけるグラフは、漠然としたイメージを具体化するためのものなので、それ以上に相手に余計なメモリを使わせないようにしましょう。

　どういうことかと言うと、たとえば右図のように、視覚的に2倍とわかるのに、詳細な「2.16倍アップ」などと数字を添えることが「計算したくなる情報」にあたります。

　実際、このような表記をすると、一部の人は2.16倍のほうに目が向いてしまい、本来グラフで伝えたいことから思考がそれてしまうのです。

　2.16倍に意味があり、注目させたいのであれば効果はあります。

　しかし、**「おおよそ2倍」と理解してもらえれば十分なのであれば、わざわざ細かく表記する必要はありません。**

　どうしても表記しておきたい場合は、**「約2倍」**としておけば読み手はグラフのイメージと合わせ、「あぁ、約2倍か」とざっくり理解したうえで、本論に集中してくれます。

口頭説明においても、相手の脳を無駄に使わせずに本論を伝えるために、「前年度実績2.16倍になりました！」と言うよりも、**「前年度実績2倍になりました！」**と言ったほうが、確実に相手の記憶に残るはずです。

　記憶できる容量には誰しも限りがありますので、不必要な数字は極力削り、シンプルに表現することを意識しましょう。

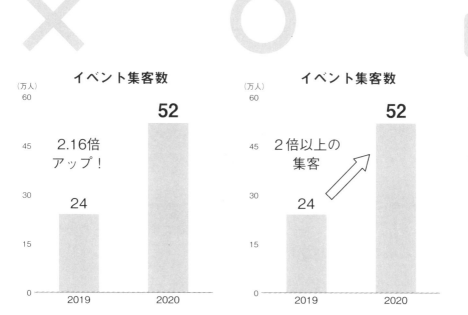

どこに注目させたいかを考えて、グラフを作成しよう

伝えたいのは、集客が「2倍以上伸びた」ことなのに、
2.16倍にするとインパクトが薄れる

ここがポイント！

効果的にイメージを伝えたいなら、
まずはざっくりと！

グラフには「角度」をつけ、「矢印」で強調する

　棒グラフや折れ線グラフで**「データの差」**を見せる場合は、変化を大きく見せる工夫をすると、より効果的に伝わります。

　データの差を大きく見せる際のポイントは、**比較するデータの選び方と、縦軸の目盛り設定です。**
　当たり前ですが、比較するデータの数値の差が大きければ大きいほどグラフで見せられる**「角度」**は大きくなります。しかし、データをかさ増ししたり、数値に関係なくグラフを編集するのはルール違反です。
　伝えたい変化やグラフの角度を大きく見せるためには、まずは期間の集計方法を見直してみるなど、データをいじらない工夫にチャレンジしてみましょう。

　期間が決まっていて、集計期間で調整できない場合は、縦軸の目盛りの調整を行ってみましょう。**目盛りの最大値と最小値の幅を狭めることで、比較するグラフの差は大きく見えます。**

　グラフだけでは差がわかりにくい場合は、グラフの伸びや下がりを**「矢印」**で強調してあげると、数値以上の差を印象づけられます。矢印に伝えたい数値や補足をコメントするのも効果的です。
　データから期待していた数値が得られなくても、意図がよりダイレクトに伝わる工夫をしましょう。繰り返しとなりますが、データの不正操作だけはしないでください。

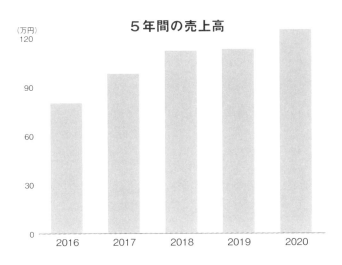

５年間の売上高

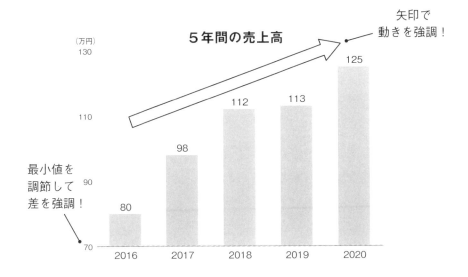

５年間の売上高

矢印で
動きを強調！

最小値を
調節して
差を強調！

ここがポイント！

データをいじらなくても、見せ方次第で印象は変わる

省略したデータは「別添」として用意しておく

　今まで、「不要なデータはできる限り削っていくべきだ」とお伝えしてきました。しかし、「見せる項目を削りすぎると、相手を満足させる情報量のレベルに達しないのでは？」との質問を受けることがあります。

　決してそんなことはないのですが、その不安は確かに理解できます。

　もし、見せるデータを削りすぎて情報がスカスカになっていると感じる場合は、**グラフのローデータ**（手を加えていない状態の調査結果）を**「別添」として準備しておくようにしましょう。**

　プレゼン資料は相手に内容を端的に伝え、決定してもらうために作ります。しかし、プレゼン後に相手が情報を確認し、精査したうえで決定に至るということも少なくありません。

　ざっくりとしたグラフだけでは、全体像を把握できても、「その真偽までは確認できない」と言われる可能性もあります。

　そのため、「詳細を確認したい」と言われそうなケースでは、前もって「別添」として詳細なデータを準備しておき、資料と一緒に渡すようにしましょう。

　そうすることで、プレゼンで使うグラフの信頼度が高まり、資料の信頼度も高まるのです。

余談ですが、本題から外れた「どうでもいいデータ」に関して、質問してくる人がたまにいます。そんな場合も、別添としてデータを準備しておくと、そのような重箱の隅をつつく質問にも、対応しやすくなるというメリットがあります。

　こういった質問をする人は、質問することに意味を見出していることがほとんどです。質問された際には、**「別添を準備しておりますので、後ほどご確認いただければ幸いです」**と返しましょう。

　ほとんどの場合、相手はわざわざ詳細を確認することなく、満足してくれるはずです。

ローデータは別添用として残そう

プレゼン用のスライド　＋

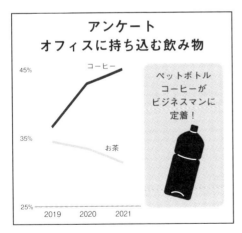

詳細がわかるローデータ

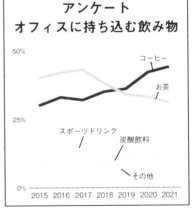

ここがポイント！

必要な情報（ローデータ）を別添として準備しておけば、
グラフの信頼度が保証される

グラフのわかりにくい部分を「補足」する

　グラフを使ってデータをイメージで表したとしても、イメージだけでは具体的に伝わらないことがあります。

　そこで、**必要な数値やコメントは「補足」として追記するよう心がけましょう。**

　数値を補足する場合は、数字を大きく見せたうえで「単位」を添えてあげると、バランスよく見えます。 先ほども書きましたが、余計な数字は必要ないので、わかりやすいデータになるよう工夫しましょう。

　さらに、グラフに補足説明が必要なときは、**「吹き出し」** を活用して説明すると効果的です。

　ただし、吹き出しはグラフの邪魔にならないように調整する必要があります。吹き出しを多用しすぎると、せっかく伝えたいグラフのメッセージが伝わりにくくなってしまうからです。

　また、レイアウト上の問題で吹き出しが入りきらない場合には、色や枠線で数値を囲み、グラフ上では強調することだけに抑えましょう。

　グラフ外でその部分をコメントしてあげられれば、よりわかりやすいデータになります。

　伝えたい内容の順位付けを明確にして、グラフを補足すべき情報のレイアウトを考えてみましょう。

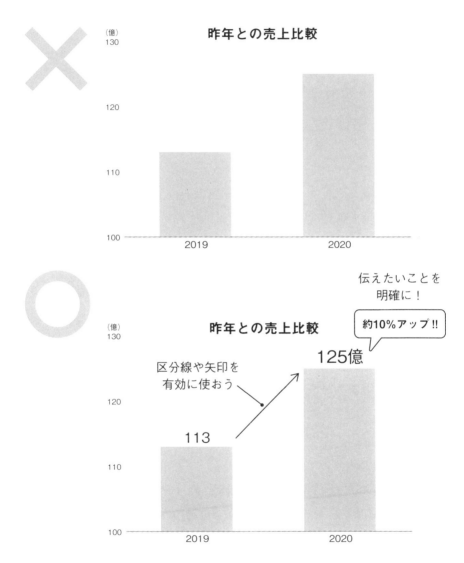

昨年との売上比較

昨年との売上比較

伝えたいことを
明確に！

約10%アップ!!

区分線や矢印を
有効に使おう

125億

113

グラフだけでは伝わらない情報は上手に補足しよう

写真・イラストを活用してみる

　さて、今まで説明したルールを守れば、すでに効果的なグラフ作成ができるようになっているはずです。

　そこで、さらにだめ押しとして、グラフに**「写真やイラストを添える」**テクニックについて学びましょう。

　グラフの説明が文字情報で、さらに長文の場合、ごちゃごちゃとした印象を与えてしまい、そのせいでせっかくのグラフが何を表すものか、わかりにくくなる場合があります。そんなときは、**写真やイラストを使うことで、グラフの説明を代用できないか考えてみてください。**

　注意点ですが、グラフに画像を使う際も、できるだけシンプルな画像であることに越したことはありません。

　文字よりも写真やイラストのほうが、情報量が格段に多いため、わかりやすさを求めて画像を掲載しても、逆に情報過多で見にくいグラフになることがあります。

　たとえば、「自転車」を表したいのであれば、「自転車単体の画像」を探し、「人が自転車に乗っている画像」は使うべきではありません。
　できるだけ、多くの情報を含まない画像やイラストを使いましょう。

　また、グラフ自体の補足として画像を載せるのではなく、**「系列（データをまとめる基準）」**に画像を使うなどの工夫も可能です。グラフと写真・イラストの関係性がこじれないレイアウトを考えましょう。

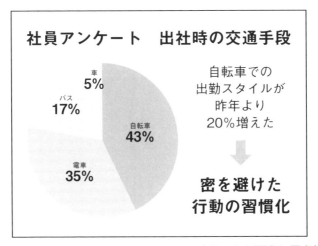

イラストや写真に置き換えれば、
「読まなくてもわかる」
スライドになる！

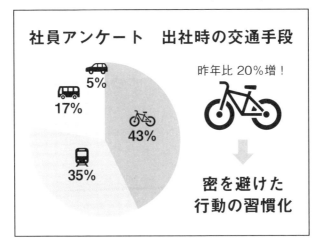

写真やイラストを活用して、
よりわかりやすいグラフを作ろう

資料に「アイデンティティ」を 持たせる

今回は資料を作る際に、少し得するコツを1つ紹介しましょう。

それは、資料に「制作者が特定できる要素」を加えることです。
つまり、資料を見ただけで「あなたが作った」ということがわかる要素を加え、アイデンティティを持たせるようにするのです。

あなたが自ら資料を作っても、いつも自分自身で説明できるわけではないと思います。ほかの誰かがあなたの資料をプレゼンする場合もあるでしょうし、資料があなたの上司を超えて役員へと一人歩きすることもあると思います。

資料が一人歩きした際に、その資料を作ったのが誰であるかがわからないと、資料作成者が評価されることはありません。もちろん、とても精度の高い資料であれば、いつかは巡り巡って評価はされるかもしれませんが、せっかく時間をかけて作っているのに、これではちょっと遠回りすぎますよね。

そこで、資料作りに慣れてきたら、**自分が作る資料には「あなたが作ったとわかる個性」**を持たせることを意識してみてください。

あくまで、相手に与える情報の量は最適な状態で、自分とわかる個性を出すようにするのです。

一番工夫しやすいのは、資料作りのルールです。

フォントの選び方、グラフの色の選び方、情報の整理の仕方など、ほかの人とはちょっと違った自分なりの個性を考えながら資料を作りましょう。少し工夫するだけでも、意外と差別化できるものです。

そして、あなたが何度も資料を提出する中で、「あ、この要素は○○さんが作った資料だ」と、そのデザインを見る人に「あなたの個性」を定着させていきましょう。

どんな資料も人の目に触れる以上、自分のことを表現するメディアです。もちろん、「資料のクオリティが高い」という前提に基づいた話ですが、さりげないアピールは、いつか実を結びます。

まだ若手で資料作りを勉強している段階だったとしても、あなたが作った資料であることが見てわかる資料であれば、相手は「グラフの処理がうまくなった」「データの処理がうまくなった」と、あなたの成長を一緒に感じてくれるかもしれません。

自分の成長をアピールできる土壌を作っておくと、日々の業務を通じて、**1つひとつの資料があなたの信頼を積み重ねるきっかけとなります。**

提案を通すコツとして、「社内の信頼度を上げておく」というポイントをあげましたが、あなたのアウトプットの積み重ねは、確実に信頼度を高めてくれます。

資料が一人歩きするのであれば、いい資料を作れるようになればなる

ほど、資料が決裁者の目に留まる機会も増え、あなたの信頼度は自動的に上がっていくことでしょう。

　評価はされればされるほど、資料を作る、企画を作るモチベーションに繋がります。
　少しずつで構いません。
　まずは内容の精度を高めながら、誰が見てもあなたが作ったとわかる資料に仕上げてください。

　資料作りは社会人にとっては切っても切れない業務です。日々の小さな一歩の積み重ねが、あなたのキャリアを前進させていくはずです。

心をつかむ「プレゼン」の 考え方と進め方

伝わるプレゼンの4つのポイント

①
プレゼンの
必要性の
理解

②
プレゼン時の
見え方を確認

③
プレゼン時の
環境を確認

④
相手への
伝え方を確認

なぜ、プレゼンが必要なのか？

　ここまで文書とスライドの作り方を確認してきました。

　この章では、いよいよ**「効果的なプレゼン方法」**について解説していきたいと思います。

　プレゼンが苦手な人ほど、「資料を読むだけで内容が伝わるようにしよう」と考えてしまうことが多いのですが、実際は**どんな資料を提出しても、相手が読んだだけであなたの「届けたい提案」が完璧に伝わることはありません。**

　ですから、**プレゼンは資料だけでは伝わらない情報やあなたの想いを補足する**ために行います。加えて、「この人（会社）は信頼に足る」と感じてもらえる表現や演出ができれば、提案の通過率も高まることでしょう。

　今はもう聞かなくなりましたが、私が若い頃はよく「メールを送ったら、電話をして相手に詳細を説明しろ」という指導がありました。

　当時は「メールを送っているのに、なんでわざわざ電話もしなければならないんだろう？」と不思議に思っていましたが、今振り返ると、その理由がわかります。

　それは、新人の書いたメールでは、相手に正しく内容が伝わっていない可能性があるからです。

　大前提として社会人は皆忙しいため、関係の浅い新人から送られてきたメールは、あまりしっかりと読んでいません。また、業務知識が浅く、文章力のつたないメールでは、誤解なく理解できる内容に達していない

こともままあります。

　だからこそ、「メールを送ったら、相手に一度電話をかけ、書いた内容が過不足なく伝わっているか、誤解がないかを確認しろ」と口を酸っぱくして言われていたわけですね。

　最近では「電話は相手の時間を奪う」という理由で、細かな電話確認の機会はなくなりつつあります。ただ私としては、相手に正確に伝わっているかどうかが不安なときは、**必ず一度電話で確認する習慣**をつけておいたほうがいいと考えています。

　私自身、複雑な内容をメールで送った際には、今でも必ず送った後に電話で説明する機会を設けるようにしています。

　少し脱線してしまいましたが、プレゼンは、この「メールをしたら電話しろ」と同じ理由で、**「資料だけでは伝わらないこと」**を相手に理解してもらうために行うものです。

　メラビアンの法則についてはすでに触れましたが、**資料にさらなる視覚情報と聴覚情報を付与し、相手に確実に情報を伝え、正確に理解してもらうことが「プレゼン」の目的**です。

　第6章では、私がこれまで実践して効果のあったプレゼンのテクニックを1つずつまとめていきます。
　すべては、**「あなたの提案を"100%"相手に伝えるため」**のものです。
　そのゴールを意識しながら、読み進めてください。

ここがポイント！

資料だけでは伝わらない情報や想いを
プレゼンで補足しよう

「誰」のためにプレゼンを
しているのかを考える

　具体的なプレゼンの手法の前に、「誰のためにプレゼンをしているのか」を一度基本に立ち返って考えてみましょう。

　どんなに相手にとっての利益を考えてまとめた資料であっても、プレゼンでその想いが伝わらなければ、せっかくの資料も台無しになるというものです。

　そこで、まずは「どうすればより相手に関心を持ってもらえるのか」を紐解いていきます。

　基本的に、話が頭に全く入らないプレゼンの多くは、「誰のために話をしているのか」が伝わってこない傾向があります。なぜなら、人が一番興味をもつのは、**「自分に関係する話題」**だからです。仕事であれば、自分の業務に関係する話題でしょう。

　相手の興味をひくためにも、常に「私はあなたに関係のあることを話していますよ」と表現しなければなりません。

　では、どうすれば相手にそう捉えてもらえるのか？
　ポイントは、以下の3つです。

　①呼びかける
　②共感する
　③利益を明確にする

「①呼びかける」は、決裁者の名前や会社名を積極的に口に出す、ということです。

人は自分の名前には必ず反応してしまうものです。心理学では「カクテルパーティ効果」と呼ばれますが、どんなに騒がしい環境でも、自分の名前はほかの情報を差し置いて耳に入ってくるそうです。

　何度も相手の名前を呼ぶことに抵抗を感じるかもしれませんが、実際に発してみれば、プレゼンに違和感が生じないことがわかります。「あなたに今提案していますよ」という印象づけをしっかり行いましょう。

「②共感する」は、常に相手の立場や状況を踏まえ、共感する意識を持って話す、ということです。「問題に対する改善案」や「提案から起こりうるデメリット」などについて、相手側の目線に立ったプレゼンができれば、決裁者に自分ごととして捉えてもらいやすくなります。

「③利益を明確にする」は、決裁者やその会社に与えられるメリットをすべて具体的に話す、ということです。

　悲しいことに、人は「自分にとってメリットがある」ことにしか興味を持ちません。「何が相手にとっていい影響を与えるのか」をまっ先に伝えて、関心をひきつけましょう。

　プレゼンをする際には、どうしても自分の視点だけで話してしまいがちです。**主観一辺倒な論法では、相手は興味を持ってくれません。**こちらの想いを届けることも大切ですが、プレゼンはあくまで、相手の時間を奪って提案を聞いてもらい、理解してもらうために行うものです。

　大前提として、「プレゼンは自分のためのものではなく、相手のためにやっているものである」ということをしっかり認識しておきましょう。

ここがポイント！

相手の興味をひく3つのポイントをしっかり押さえておこう

プレゼンにおける「見た目」の重要性

「誰のためにプレゼンするのか」がわかったら、次は**「どのようにすれば相手から好印象を持たれるのか」**について学んでいきましょう。

　繰り返しになりますが、提案の決定率を上げるポイントは、**相手からの「信頼度」をコントロールする**ことです。
　そもそも信頼が得られていないと、提案は相手に十分には届きません。
　そこで、効果的に信頼を勝ち取るためには、あなたの**「見た目」**と**「自信」**、そして**「関係値」**への工夫が求められます。

　人の印象に関わる一番重要な要素は、**「視覚情報」**です。
　これには資料のクオリティもありますが、それ以上にプレゼンするあなたの「見た目」も大きく含まれています。
　ここではまず、あなたの服装について考えてみましょう。
　「服装」については、3つの視点が求められます。

　・相手の基準に合わせるか
　・自分の基準に合わせるか
　・企画の基準に合わせるか

　まず、**「相手の基準に合わせる」というのは、決裁者の価値観を考えて、自分がどう見えているか、思考を巡らせるということです。**
　私が新入社員だった頃、「お客様よりも派手な格好はするな」と言われていました。

「お客様からお金をいただいてサービスする以上、お客様よりも派手な格好をしているのは失礼だ」という発想です。

振り返ってみると、この考え方は若干古い気もしますが、全く無視していい問題でもないと思います。

今でも、街で見かける営業車は白を基準とした落ち着いたものが多いですよね。勝負服を準備するのもいいですが、まずは**「そのプレゼンの場に適しているか」**を、一度考えましょう。

次に、「自分の基準に合わせる」場合です。これは、自分がどう見られたいかを考えたうえで、そこに服装を合わせます。

私が働いているネット広告業界の場合、服装はほとんど自由なので、「服装によるポジショニング」に意識を向けている人が多いです。

特にこの業界は平均年齢が若く、「最先端」「型にハマらない」などのイメージが求められる傾向にあります。スティーブ・ジョブズや堀江貴文さんなどのイメージが広く一般的になったからでしょうか。

実際に働いている人を見ても、爽やかな青年実業家や、やり手営業マンのように見える風貌の人が目立つ業界です。

ただ残念なことに、私自身は特に顔がいいわけでも、スタイルがいいわけでもないため、ここで流行りに乗って勝負しても、勝ち目がありません。

そこで、私は自分の強みを**「真面目に働くこと」**におくことにしました。派手な人も多く、山っ気の多い業界なのを逆手に取り、「派手なことはせず、できること、可能性のあることを粛々と行う」というポジションで差別化を図っているというわけです。

そのため、服装はシンプルなスーツ、「地味だけどきちんと真面目に働きそう」と思ってもらえるようにしています。

「自分をどう見せれば好印象を与えられるか」について周りの人に相談してみるなど、**「あなたのいいところ」**が引き立つ工夫を考えましょう。

最後に、「**企画の基準に合わせる**」場合です。

企画した内容と提案者のイメージが乖離すると、企画の具体的イメージを邪魔してしまい、決定率に影響します。

たとえば、大手化粧品会社に対してブランディングの提案をする際、どんなに提案がよくても、プレゼンターのセンスが悪く、ダサく映ってしまったら、仕事を任せるべきかどうか悩んでしまいますよね。

相手に「大切な会社の商品・施策をお願いしたい」と思わせる印象を与えるのは重要なことです。**プレゼンにおける服装は、あなたの「衣装」です**。自分自身から何が伝わり、相手はどんな人に任せたいと考えているのか、意識してみるといいでしょう。

また、プレゼンの服装という観点で考えると、**「企画とリンクさせた服装を選ぶ」**というのも1つのテクニックです。

総合代理店時代、「博多駅の春のイベント」のプレゼンで、「春のイルミネーション」を企画したチームがありました。

駅前の集客イベントなどではタレントを呼ぶことが多く、集客力のある人を起用するのが王道です。しかし、「タレントを呼ぶ企画」では競合と被る可能性もありました。

そこで、「冬のイルミネーションで集客できるなら、春のイルミネーションをやればいいじゃないか」という提案になったようです。

この企画、実際の風景を見ればその凄さがわかるのですが、プレゼンの説明だけではやや地味に感じられてしまいます。

そこでこのチームは、プレゼンターが全員ドレスコードをピンクで統一し、「ピンクに染まると、こんなに見え方が変わりますよ」というイメージを服装で演出してプレゼンを行いました。

結果、彼らはプレゼンに勝ち、イベントとしても大成功を収めたのです。今思えば、あのプレゼンも普通にスーツの人が話すだけでは、実現に至らなかっただろうなぁと思います。

人の第一印象が決まるまでの時間は3秒〜5秒と言われています。

　どんなに一生懸命情報を集め、徹夜して資料を作り、プレゼンに臨んだとしても、資料を配る前、説明を始める前にあなたの印象は決まってしまうのです。

　自分の大切な企画を、正しく相手に受け取ってもらうためにも、プレゼン時の「見た目」には十分に注意を払ってください。

服装を考えるときの3つの視点

1. 相手の価値観を考える

礼儀第一

失礼にならないように…

2. 自分をどう見せたいか考える

とにかく「真面目」でまわりと差別化！

企画の雰囲気を味わってほしい！

3. 企画をどう見せたいか考える

ここがポイント！

人の第一印象は見た目で変わる。
プレゼン前には「自分がどう見えるのか」を考えよう

プレゼンにおける「自信」の重要性

　さて、今度はプレゼンにおける**「自信」**について説明しましょう。
　人は自信のある様を見て、その人を信じたくなる生き物です。

　自信がある人は背筋が伸び、目線も落ち着いて、声もはっきりと力強く、迷いがありません。
　逆に自信がない人は、背筋が縮こまり目線が落ち着かず、声も小さく頼りない印象を与えてしまいます。

　「どちらの提案を選びますか？」と質問されれば、誰しもが「自信のある人」を選ぶことでしょう。
　相手に選択権があるシチュエーションでは、しっかりと自信をつけた状態で挑むことが必須なのです。

　では、自信を持つためにはどうすればいいのでしょうか？
　「私の性格からすると、自信を持てなんて言われても困ります！」と悩む人もいるかもしれません。
　でも、大丈夫です。自信がなくても、自信があるように見せることは練習によって可能です。
　ここでは、「自信を持つ」ためのコツを3つ紹介したいと思います。

　まずは、**時間が許す限り「本気で資料を作る」**ことです。
　「私が提案について一番考えている」と、自信が自然と湧いてくるレベルまでその仕事と向き合うのです。

実際のところ、資料作成は、ある意味で「自信をつけるためのプロセス」です。

　徹底的にデータをリサーチし、提案の根拠を示し、リスクを確認して、最高形を目指していく──。

　結局、これが一番の自信に繋がります。

　次に大切なのは、**「リハーサル」**です。

　プレゼンが苦手であればあるほど、繰り返しリハーサルをしておいたほうがいいでしょう。手始めに1人でプレゼンをしてみて、自信がついたら同僚などにもプレゼンしてみましょう。

**　自信を持って人前で話すには、慣れるしかありません。**
「ここで相手をひきつけたい」「ここは質問が来るかもしれない」など、リハーサルを通して不安材料への対策を講じることで、自信が湧いてくるのです。

　また、社内であれば決裁者である上司、社外であれば取引先の担当者など、関係者に対してリハーサルができる環境であれば、実際に事前にプレゼンを行ってみるのもオススメです。

　前もって提案に対する意見やアドバイスを聞くこともできますし、相手との信頼関係の構築にも役立ちます。

　提案される側にとっても、事前情報なしに本番を迎えるよりも、先に意見交換できたほうが嬉しい場合もあります。

**　上手にリハーサルという場を設けて、相手をこちらの仲間に引き込みましょう。**

以上、提案本番を迎えるまでの自信のつけ方について解説しましたが、最後は**「自信があるように見せるポイント」**についてお話しします。実際に「自信があふれる姿」とはどういうことか、外見的な特徴をまとめておきましょう。

　プレゼンをするうえで、自信があると相手に感じさせる要素は5つあります。**「表情」「目線」「声」「ジェスチャー」「立ち回り」**です。

　まず「表情」ですが、話す内容に合わせて表情に変化をつけましょう。真面目な話題では真剣な表情をすべきですし、笑わせたいポイントでは自分も微笑みかけることを忘れてはいけません。

　あなたが発している視覚情報が、聴覚情報よりも相手に影響を与えやすいということを必ず意識してください。
　笑いながら怒っても、その怖さが伝わらないように、内容というのは表情による印象に想像以上に引っ張られます。

　次に、「目線」です。目線があちこちに向いてしまうと、落ち着きのない印象を与えます。プレゼンに慣れないうちは、緊張を避けるためにも**少し遠くを見て視線を固定してしまう**といいでしょう。そして落ちついてきたら、一人ひとりの目を見るように話してみてください。

　「声」については、まずははっきりと聞きとりやすい声量で話すことが最重要です。緊張を伴うとつい早口になってしまいますので、**日常会話よりも少しゆっくり、誰もが聞き取れるスピード**を意識して話してください。

　最後に、「ジェスチャー」と「立ち回り」については、慣れないと感

じるうちはへたに動かないほうがベターです。

　相手に印象づけようとジェスチャーを大げさにしたり、動きすぎてしまうと落ち着きのない印象を与えてしまいます。

　まずは自分の中で処理しなくてはならない要素を減らすという意味でも、**胸を張り、背筋を伸ばして、どっしりと構えることに集中し、無駄な動きは減らしてみてください。**

　リハーサルをするときには、事前に立ち姿がどう映るのかを確認しておくと、効果的です。

自信を培う３つのプロセス

1. 本気で資料を作る

誰よりも
詳しくなるんだ！

2. リハーサルを重ねる

心配な点を
なくしていく！

3. 自信溢れる姿を学ぶ

目線は
少し遠くに

どっしり構えられて
いるかな…

胸を張って、
声は大きく！

ここがポイント！

「あの人に頼みたい」と思われるように、
自信を持ってプレゼンしよう

プレゼンにおける「関係値」の重要性

　プレゼンまでに考えておくべき要素として「服装」と「自信のつけ方」をあげましたが、最後に決裁者との **「関係値」** についてまとめておきます。関係値とは、ビジネスシーンにおける **「人間関係の深まり具合」** を指す言葉です。

　関係値は大きく、以下の2つに分かれます

- **事前に作っておく関係値**
- **当日に作る関係値**

　まず、「事前に作っておく関係値」を高めることができれば、信頼された状態でプレゼンに臨むことが可能となります。
「どんな人が提案に来るのか」「この人に任せて大丈夫か」など、提案される前に抱く不安が解消されるので、プレゼンがよりダイレクトに相手に届きやすくなるでしょう。

　よく、「事前に関係値を作る方法がわかりません」という質問を受けますが、手法自体は単純です。
　ただ、相手とのコミュニケーションの回数を増やせばいいのです。
「単純接触効果」 とか、**「ザイオンス効果」** と呼ばれますが、人は接触する回数が増えれば増えるほど、相手への好意も信頼度も高まります。

「じゃあ、どうすれば接触回数を増やせるのですか？」となるのですが、オススメは **「相談」** と **「質問」** です。提案に関して内容を相談したり、

わからないことを質問すればいいのです。

　ここで注意してほしいのが、「相談」も「質問」も相手の時間を奪うという点です。接触回数を増やすためだけに、相手の時間を無駄に使ってはいけません。

　したがって、**「最終的にはあなたのメリットになりますよ」**ということをアピールしながら、どんどん相談や質問をしていきましょう。

　不安になる必要はありません。よほど忙しいときでない限り、**誰しも自分のことを本気で考えてくれている人を、邪険には扱いません。**相手との接触回数を増やすことで関係値が高まり、あなたへの信頼へ変わります。

　また、相談と質問を事前に繰り返しておくことは、プレゼンに必要な**「相手との目線」を合わせる**ことにも繋がるでしょう。提案内容が的外れになることを防ぎ、結果として決定率が高まります。

　一方で、「プレゼン前にお客様に質問することが苦手です」という人も一定数います。「まだ取引も始まっていないのに、こんなことを聞いていいのだろうか？」と、遠慮が働いてしまうパターンです。

　私は、「提案が通って仕事が始まるまでは、相手はまだお客様ではない」と、普段から考えるようにしています。

　むしろ、「まだ何も決まっていないのに、無料であなたの会社のことを考えているのだから、情報提供くらいは協力してください」という気持ちです。

　遠慮していて何かが始まることはありません。相手にとっても、いい提案が出てきたほうが、最終的にはプラスになります。

　少し図々しいくらいに質問の機会を設けたほうが、相手の印象にも残りますので、勇気を振り絞って行動に移していきましょう。

次に、「当日に作る関係値」についてです。

「服装」や「自信」もそうなのですが、これは相手に対して**「自分が誰なのか」**を効果的に伝える作業にあたります。

　残念ながら、相談や質問で関係値を上げようと思っても、直接決裁者とは直前までやりとりできない場合もあります。

　決裁者にプレゼンで初めて会うことも多いと考えると、第一印象としての見た目はもちろん、**「自己紹介」**も効果的に行う必要があります。

「どんな会社で働いていて」「今までどんな実績があり」「どんな想いで提案を行っているか」──。

　プレゼンターである自分のバックグラウンドについて、簡潔でいいのでしっかり伝えておきましょう。

　会社の実績もそうですが、特に**個人が実際に成しえた実績**はしっかりとアピールすべきです。

　複数の競合と比較検討される場合、**内容だけで差がなければ、結局は「誰に任せたいか」の勝負になります**。そのときに「誰の提案なのか」を、相手の記憶に残しておけると決定率が上がります。

　ただ、あまりにも自己紹介に力を入れすぎると、聞き手のプレゼンへの集中がそれてしまうので注意が必要です。

　また、相手と共通性のある話題や、一発で覚えてもらえる自分の話題などを、普段から貯めておくのも効果的です。共通する可能性がある話題で言えば、まずは**「出身地」「大学名」「趣味」**でも十分です。

私がよく使うネタとしては、「サメが好きで、日々サメを追いかけています」というものがあります。そして、実際に撮影したサメの写真を見せたり、紹介したりするのですが、インパクトがあるので私のこともよく覚えてもらえます。

　もちろん、パンチの効いた話題である必要はありません。
　ですが、あなた自身を相手の記憶に残すためにも、何かしら競合との**差別化要素**は用意しておくといいでしょう。

相手との関係値を大切に

事前に作っておく関係値　　　　**当日に作る関係値**

私の趣味は

この点について
お聞きしたいのですが…

亀谷です。
福岡県出身
早稲田大学
卒業、趣味は
「サメ」です。

ヒアリングは相手との
距離を縮めるチャンス！

「出身地」「大学名」「趣味」など
興味を持ってもらえそうな
話題を投げ込む

ここがポイント！

プレゼン前とプレゼン時に、
あなたと相手との関係値を上げる工夫をしよう

プレゼンの
「参加者」と「場所」を確認する

　さて、この項目では実際にプレゼンに赴く前に確認しておくべきことについて見ていきましょう。

　プレゼンを行う前には、必ず事前に**「参加者」**と**「場所」**の確認をしてください。参加する人数、参加する人の役職、実際にプレゼンする場所によって、プレゼンの仕方が変わってくるからです。

　まず、参加する人数やその役職など、細かい情報が事前にわかっていれば、当日の信頼度の上げ方に工夫ができます。

　社内プレゼンであれば、**決裁者の性格や自分との共通項**など、できるだけ詳細な情報を集めておくことで、プレゼンで印象づけるための演出がしやすくなります。

　さらに、**決裁者が所属する部署**を考えれば、提案に対しての相手の知識レベルもわかります。そうなれば、プレゼン資料で補うべき要素、または必要のない要素を洗い出し、調整することが可能です。**「その人にとって重要なことは何か」**を事前に明らかにしておきましょう。

　次に、**参加人数やプレゼンの場所が事前にわかれば、心の準備やプレゼンで注意すべき点が明確になってきます。**

　人数が少ないのであれば、「プレゼンでは一人ひとりに意識を向けて話そう」とシミュレーションができますし、逆に多いのであれば、緊張しないようにするための準備をあらかじめ考えておくことができます。

　場所も規模によって、そこで用意できる設備が変わります。設備によっては、資料の作り方が変わるかもしれません。

「スクリーンなのか」「ディスプレイなのか」「マイクや指示棒は使えるのか」──。

　プレゼンの進行に関わる部分は、必ずヒアリングしておきましょう。

　また、当日は事前の機材チェックを必ず行ってください。

　プレゼンをしている最中で、一番焦るのは機材トラブルです。

「リンクが開かない」「音が出ない」「動画が再生できない」など、よくある問題のほとんどは、未然に防ぐことが可能です。

　さらに、スライドにアニメーションがついているのであれば、動作もチェックし、問題がないことを必ず確認しておきましょう。

　実際、こうした事前準備の1つひとつが、本番での自信に繋がり、プレゼンの決定率を高めていくのです。

プレゼン前に確認すべきこと

会場について

- ☐ 会場の広さは
- ☐ 参加人数は
- ☐ 誰が参加するのか
- ☐ 決裁者は誰か
- ☐ スクリーンか、モニターか
- ☐ マイクはあるか
- ☐ 指示棒はあるか

スライドについて

- ☐ 適切に機材と繋がるか
- ☐ リンクは開くか
- ☐ 音は出るか
- ☐ 動画は再生されるか
- ☐ アニメーションは動くか

ここがポイント！

備えあれば憂いなし。事前の確認が決定率を高める！

プレゼンする「順番」を確認する

　競合がいるプレゼンの場合は、人数や場所が把握できたら、**「プレゼンの順番はいつなのか」**も確認しておきましょう。

　プレゼンの順番は決定率を左右します。そして一番有利なのは、最後にプレゼンすることです。

　競合プレゼンでは、決裁者は参加者から「1人を選ぶ」作業を行わなくてはなりません。

　一般的に、人は最初にどんなにクオリティの高い提案が出てきても、「まずは、全部を聞いてから選ぼう」「さらにいいものが出てくるのでは?」という心理が働きます。

　また、競合プレゼンにはそうした心理だけではなく、人の記憶力や理解力の限界も絡んできます。

　考えてみてください。もし5人分プレゼンがあったとして、順に全員の話を聞いた場合、全員の内容を明確に覚えておくことができるでしょうか?　もちろん、そんなことはできません。

　残念ながら、**最初に聞いたプレゼンの印象が一番薄くなり、最後に聞いたプレゼンの印象が一番濃く残ります。**

　しかも、聞き手は提案を全部覚えられないながらも、前の人の提案と比較しながら目の前のプレゼンを聞いています。

　1人目のプレゼンを聞いて基準を作り、2人目のプレゼンを聞いて「どちらがよかったかなぁ」と考えます。そして、優れたほうを頭の中に残

し、3人目と比較していくのです。

　某お笑い番組のように、毎回採点が入ればいいのですが、プレゼンで
そうした形式を採用しているケースはレアです。
　すべてのプレゼンが終わったのち、関係者が集まって、よかった提案
を決める形が多いと思います。そうなると、実際の選考は**「いかに記憶
に留まり続けたか」**という勝ち抜き型のトーナメントです。

　なお、最後にプレゼンできるメリットは2つあります。
　1つは、「勝ち残った1社に勝てるプレゼンができればいい」という
シンプルな局面を得られる点。
　そしてもう1つは、決裁者も「このプレゼンで最後だ」と気持ちを新
たにしてくれるため、しっかりプレゼンを聞いてくれることが多いとい
う点です。

　ただ、順番だけは時の運です。一番最後がいいとわかっていても、最
後を選べるわけではありません。
　そのため、事前に自分の順番を確認して、**いかにその順番に合わせた
プレゼンを行うか**が重要になります。

　競合がどういう提案をしてくるのか情報を収集し、自分は誰と比較され
るのかわかっていれば、どう印象づければいいかが見えてくるはずです。
　順番によるメリット・デメリットを意識して、運に左右されないプレ
ゼンができるようになりましょう。

ここがポイント！

何番目にプレゼンするかで、決定率は大きく変わる

「目線」「動作」「立ち位置」で
相手をコントロールする

　No.67でお話しした「自信の持ち方」では、「慣れるまではどっしりと構えて、プレゼンに臨もう」と説明しました。

　ここでは上級テクニックとして、**「プレゼンターの動きで、相手の目線はコントロールできる」**ということを学んでおきましょう。やってみれば意外と簡単ですので、覚えておいて損はありません。

　あなたは、プレゼンターがスライドや手元の資料ばかりを見て、ただ書いてあることを読むだけのプレゼンを見たことはありませんか？
　そして、そのときにあなたはどのように思うでしょうか？　おそらく「誰に向かって話しているんだろう……」と感じることでしょう。

　プレゼンにおいては、「プレゼンターも演出の1つ」と考えましょう。
相手は資料を見るだけではなく、話している人も見ています。

　まず、人は目線が合わないと、「自分に関心を持っていないのでは？」と考えます。自分のプレゼンに相手を引き込むために、プレゼンターは手元ではなく、**相手に視線を向けて喋りましょう。**
　大勢を相手にプレゼンする場合では、**できるだけ1人ひとりに語りかけるように説明します。**

　次に、**いいプレゼンターは目線で相手をコントロールします。**目線を合わせれば、聞き手とあなたとの距離感は縮まり、相手はあなたに集中

します。さらに、「自分に対して話しかけられている」という心理状態に持ち込むことができれば、聞き手はあなたの見た方向に、自然と目線を向けるようになります。

マジックショーのミスディレクション（注意を意図していない別の所に向かせる手法）でも使われるテクニックですが、**人は相手の目線に引きずられて、同じ方向を向いてしまうという習性**があります。

スライドで重要な箇所を説明したい場合など、この習性を利用して、自分が見せたいものに相手の注意を引いていきましょう。

プレゼンでの目線が意識できるようになったら、次は**「動作」**や**「立ち位置」**での演出も加えてみましょう。

　小さい頃、「あ、UFOだ！」と言って空を指さすことで、相手の目線を誘導したことはありませんか？　理屈はそれと同じです。

　特に大きな会場では、目だけでコントロールするのは限界があります。自分の身振り手振り、ジェスチャーを使いながら相手の目線をコントロールしましょう。**「スライドを指さす」「見て欲しい箇所にポインターをあてる」**などが基本のテクニックです。

　逆に、スライドではなく自分に意識を向けて欲しいときは、**話しながらステージ上を移動すると、目線を集めることができます。**
　強制的に自分に目線を集めたいときは、**「プレゼンのスクリーンの情報を一度消してしまう」**というのも１つのテクニックです。画面に情報がなくなれば、相手の目線は自然とあなたに集まります。
　自分に相手の目線を集めたいタイミングがわかっているのであれば、アニメーションを使って効果的に演出してみてください。

　ただ、目に入ってくる情報というのは量が多いものです。あまりいろいろな演出を凝らしてしまうと、情報過多となって相手の理解を妨げてしまい、逆効果になることもあるので注意しましょう。

　いずれにしても、プレゼンの数をこなし、自分が話していることだけでなく、相手の視線や注目にも気が配れるようになったら、ぜひトライしてみてください。

話しながら移動する

では、ここで少し皆さんで
考えてみましょう――

画面の情報を消す

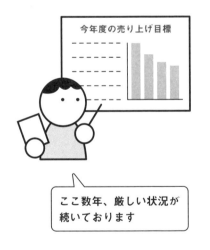

ここ数年、厳しい状況が
続いております

どのように改善してゆくか、
まずは私の案からお聞きください。
それでは、よろしくお願いします。

ここがポイント！

相手の視線をコントロールして、
効果的にプレゼンを進行しよう

「話す緩急」をつけて
相手をコントロールする

ここまで解説してきたように、「いかに相手の集中力をコントロールするか」は、プレゼンの永遠の課題です。そこで、相手の集中力を持続させるさらなるコツとして、**「話す緩急のつけ方」**を紹介します。

プレゼンを聞いていて、眠くなってしまうことがありますよね。

残念ですが、その原因は**「つまらない」**からです。

そこで、なぜ「つまらない」のかを考えると、「自分ごととして捉えられない」ことや、「要点やテーマが伝わらない」「見ればわかる情報しか聞こえてこない」など、**「相手のプレゼンに対する関心がどんどん減っていく状況」**を自ら作り出してしまっているからです。

では、この状況を乗り越えるためには、どうすればいいのでしょうか?

相手の興味を引くように話すためには、常に同じリズム、同じ声量で話すのではだめだと理解しましょう。単調なリズムは相手の集中力を低下させ、心地よい睡眠へと誘います。

必要に応じて、話すスピード、音量に緩急をつけていきましょう。

たとえば、説明する箇所を**少し早目のリズム**で話すようにすれば、相手は聞き逃さないように集中力を上げるでしょう。さらに注目してもらいたいときには、いったん喋るのをやめて、**3〜5秒ほど間を空ける**ことも有効です。

プレゼンターが話さなければ、相手は「次に何が始まるのか」と、こちらに目線を向けてくれます。

また、**話す音量を変える**ことでも、相手の集中力をコントロールできます。普通の声で話しながら、強調したい部分では少し音量をアップすることで、相手はその意味を汲み取りやすくなります。

　単調なリズムからは、脳への効果的な刺激を期待できません。
　話すスピードと音量の与える効果を理解し、緩急のあるプレゼンをすることで、相手の集中をこちらの話に向けてもらい、つまらないと感じさせないようにコントロールしてみてください。

相手をひきつける話し方を練習しよう

基本の話し方
☐ 日常会話よりも少しゆっくり
☐ 大きな声を意識する

相手の集中力を高めたい
☐ 少し早めのリズムで話す
☐ 話す音量を上げる

相手の興味を削がない
☐ 棒読みしない
☐ 「えーと」「あのー」を
　極力減らす

自分orスライドに注目させたい
☐ 数秒の間を置く
☐ 「こちらをご覧下さい」
　など、動きを伴う
　フレーズを使う

ここがポイント！

**話すスピード、リズム、音量を変えることで、
相手の関心をひきつけよう**

「質問する」ことで
相手をコントロールする

　プレゼンで相手の集中力をこちらの話に向けてもらいたいときには、**「相手にこちらから質問する」**ことも有効です。

　相手は質問をされると、回答しなければならないため、嫌でも自分の思考を巡らせて考え始めます。プレゼンという「一方的な情報伝達」から、**「双方向のコミュニケーション」**へと状況が変わるため、緊張感が増し、一気に集中してもらえることでしょう。

　また、誰かに「質問する」行為をプレゼンに織り込むと、参加者全員に**「自分ごととして捉えてもらう」**効果が期待できます。

　なぜなら、誰かが質問されると、参加者全員に「次は私も質問されるのでは？」という緊張感が走るため、会場全体の集中力を引き上げることができるからです。

　オススメとしては、プレゼンの冒頭で誰かを指名して質問をするのが効果的です。**「このプレゼンでは内容について質問する可能性がありますよ」**という雰囲気を会場全体に与えておきましょう。

　そうすることで、その後の「印象に残したいポイント」や、後半の「緊張感がなくなりそうなポイント」でも、質問を織り交ぜることが可能になります。

決裁権は提案される側にありますが、**プレゼンの主導権はこちらにあ**るということを忘れないでください。

　投げかける相手にもよりますが、質問は簡単なことから、ちょっと意表を突いたものまで、さまざま考えられます。
　あなたのプレゼンの内容と照らし合わせながら、効果的に相手を巻き込む仕組みを考えてみましょう。

「 質 問 」でプレゼンにメリハリを

集客アップのための
新イベントの提案

〇〇さんは、今年何か
イベントに参加されましたか？

次は自分が
指されるかも！

ここがポイント！

相 手 を プ レ ゼ ン の 中 に 引 き 込 む に は 、「 質 問 」が 効 果 的

プレゼンで
「最初」に伝えておくべきこと

　ここまでのところで「話す緩急」や「質問を織り交ぜる」ことを解説してきましたが、いくら演出に工夫を凝らしても、内容やテーマが複雑な場合は伝わりにくく、どこかつまらなく感じられてしまいます。

　では、どうすれば相手にわかりやすいプレゼンができるのでしょうか？

　それは、プレゼンの構造をできる限りシンプルにして、常に相手が全体像を理解しやすくなる工夫を凝らすことです。

　だらだらとした、終わりの見えない話を延々とされるのは誰にとっても苦痛な時間ですよね。

　そこでプレゼンでは、冒頭で提案の全体像や、かかる時間を説明して、結論と相手の得られるメリットも明確にしておきましょう。

　全体像とゴールが見えていれば、相手は結論を理解したうえで、必要な情報を整理しながらプレゼンを聞いてくれるようになります。

　さらには、全体の構成だけでなく、スライドの文章も、最初に結論を持ってくることで、相手の理解が早まります。

　また、緊張したときに「えっとですね……」や「あのー……」といった場繋ぎ言葉や、必要以上にうやうやしい敬語などは使わないようにしてください。

　プレゼンも文書と同じで、無意味な表現が多くなってしまうと、ただただ理解の妨げになってしまいます。

　短くても、必要な情報がきちんと伝わることが何よりも大切です。

冒頭で話すべきこと

【結論】
本日の結論は〇〇です。

【相手のメリット】
本日のプレゼンを聞くと
〇〇ができるようになります。

【流れ】
本日のプレゼンの流れは
① ー ー ー ー ー ー ー ー
② ー ー ー ー ー ー ー ー
③ ー ー ー ー ー ー ー ーです。

【その他】
全体で30分くらいて終わります。
質問は最後に受け付けます。

まずはプレゼンの全体像を理解してもらおう

ここがポイント！

最初に全体像と結論を伝えることで、
聞き手も不安なくプレゼンに臨める！

大事なことは最低3回は繰り返す

より効果的に相手の記憶に残すテクニックとして、**「大事なことは繰り返す」**ということに触れておきましょう。

あなたは、プレゼンの大切な要点は、何度繰り返すのが適切だと思いますか？

プレゼン中、同じことを何度も繰り返すのを嫌がる人もいますが、決裁者に伝えたい大事なことは、必ず繰り返すようにしましょう。

当たり前のことですが、人は一度聞いただけでは覚えることができませんし、たとえ相手がこちらに視線を向けていても、耳まで傾けているかはプレゼンターにはわかりません。

そこで、**必ず伝えたいことは、最低でも3回は繰り返すべきです。**

たとえば相手へ最も伝えたいメリットであれば冒頭で1回、続く解説の中で1回、最後のまとめで1回繰り返しましょう。大切な情報は熱意を込めるだけではなく、繰り返し伝えることで相手の記憶に刻むのだと覚えておいてください。

また、**効率よく記憶に定着させるためには、同じ内容でも表現や目線を変えて説明することも重要です。**

重要なことなのでもう一度言いますが、人は1回聞いただけでは決して覚えてはくれません。「自分の耳から聞き、目で捉え、自分の口で発してみて、やっと記憶に定着する」というくらいの認識でいましょう。

重要なことは繰り返し伝える

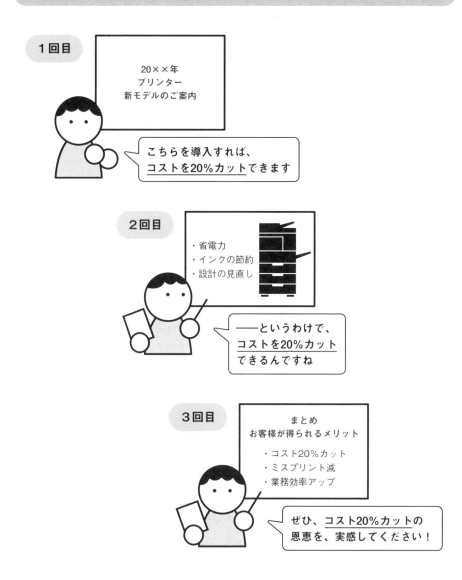

1回目

20××年
プリンター
新モデルのご案内

こちらを導入すれば、
コストを20%カットできます

2回目

・省電力
・インクの節約
・設計の見直し

──というわけで、
コストを20%カット
できるんですね

3回目

まとめ
お客様が得られるメリット

・コスト20%カット
・ミスプリント減
・業務効率アップ

ぜひ、コスト20%カットの
恩恵を、実感してください！

ここがポイント！

1回で「重要なことが伝わる」ことはないと心得る

第**6**章 心をつかむ「プレゼン」の考え方と進め方

「質疑応答」への正しい臨み方

どんなプレゼンでも絶対に**「疑問」**は生じるものです。

そこで、**プレゼンでは必ず「質疑応答」のコーナーを設けましょう。**

もちろん、プレゼン中に質問を受けつけながら進めても問題ありません。しかし、慣れないうちは最後にまとめて受けたほうがプレゼンに集中できるでしょう。

質疑応答のコーナーを設ける際は、始めに**「質問するタイミング」**を全体に伝えます。

「何か疑問があれば、プレゼン中でもどんどん聞いてください」、あるいは「最後に質疑応答の時間をとりますので、何か不明点がある場合は、メモしておいてください」と伝えることで、相手は質問しやすくなります。

また、質疑応答では、予想していない質問が飛んでくることもあるかもしれません。

その場で回答できないものであれば、無理に答えようとせずに、一度持ち帰ってください。しどろもどろの要領を得ない回答をしてしまうと、プレゼン自体の印象に悪影響を与えてしまいます。

わからないのであれば、**「一度確認いたしますので、後日の回答とさせてください」**と伝えたほうが、印象的にもいいでしょう。

しかし、質疑応答の時間を確保していても、全体の場では質問できなかった人や、プレゼン後に資料を見返していたら疑問が生まれたという

人が出てくるかもしれません。

そうしたケースにも誠実に対応できるように、**「このプレゼン終了後、何日以内であればメールや電話でも質問を受け付けています」** という形で、後日の質問でも対応できるようにしておくと親切です。

特に多数決型で決まるプレゼンでは、できるだけ多くの参加者から理解を得なくてはなりません。
小さな疑問点も丁寧に解消できるように、配慮を忘れないようにしてください。

また、最近ではオンラインでのプレゼンも増えてきていると思います。オンラインでは、人数が多いと質問者を管理することが難しいので、質問が浮かんだタイミングで**「コメント」** に入れておいてもらい、最後に回答する形が進行しやすいと思います。

質疑応答で出てくる質問は、少なからずこちらの説明不足によって生じるものです。
相手に正確に理解してもらうためにも、できる限り誠実に対応しましょう。

ここがポイント！

誠実な「アフターサービス」が相手の心をつかむ

オンラインでプレゼンする際の心構え

　先ほど少し触れましたが、あなたもリモートワークが増えて、オンラインでプレゼンする機会も増えてきたのではないでしょうか？

　そこで、この章の締めくくりとして、**「オンラインでプレゼンする際の心構え」**について見ていきたいと思います。

　まだまだ私もオンラインでのプレゼンは慣れない部分がありますが、参考になれば幸いです。

　そもそも、**オンラインのプレゼンは対面よりも難しいです。**

　同じ空間にいないことはもちろん、プレゼン資料を**「画面共有」**すると、提案する側/される側のどちらか、または双方で顔が見えなくなることも多々あります。そうなると、これまで説明してきた目線や動作による演出はオンラインでは行えません。

　実際にやってみて、**「普通のプレゼンとは勝手が違うな」**と感じた人も多いと思います。

　では、オンラインではどのようなプレゼンが効果的に映るのでしょうか？　ここでは、オンラインでプレゼンするときのヒントを3つあげておきましょう。

　まずは、**全体構成をより短くすること**です。

　オンラインは対面で行うよりも、相手の集中力を持続させるのが難しいと考えましょう。もし相手の画面が暗転している状態であれば、相手が話を聞いてくれているか、または寝てしまっているかもわかりません。

そのため、スライドの各ページの内容はシンプルに、対面で行うよりも簡潔なものにしておきましょう。長いようであれば、資料は先にダウンロードしてもらい、全体構造だけを「画面共有」で説明して、そのほかの部分はお互いの顔を見ながら、話をしていくほうがいいでしょう。

次は、**画面を見ずにパソコンのカメラを見るようにすることです。**

ほとんどのパソコンはカメラがモニターの上についていると思います。オンラインでプレゼンする際、画面に映っているスライドを見ながらプレゼンすると、プレゼンターの目線はいつも下を向いているように映っています。

目線が常に下を向いていると、聞いている相手に自信がないような印象を与えてしまいます。内容はできるだけ覚えておいて、ぜひカメラに視線を向けながら話す意識をもってください。

オンライン用の資料はよりシンプルに

ABC建築
春のお悩み相談会

リフォーム、改築、メンテナンス…
どんなご相談も承ります！

説明の流れ
①フロアコーティング
②設備交換
③バリアフリー化
④リフォーム
⑤部分改築

ABC建築　春のお悩み相談会
①フロアコーティング
②設備交換
③バリアフリー化
④リフォーム
⑤部分改築

最後は、**普段よりも「自分の表情」を意識して話すことです。**

　オンラインでは、顔がアップになった状態で話すことが多くなります。そのため、「自分の表情」にはオフラインの場合より注意が必要です。

　こわばった顔で提案してしまうと、対面時よりも緊張感が伝わってしまいますので、表情を作る練習を事前に行っておきましょう。

　また、面倒ですが、オンラインでは**「カメラ映り」**も気にしなければなりません。特に在宅で行う場合など、光の入り方によって顔が暗く映ることもあります。どのように自分が映っているか、事前に確認しておくことをオススメします。

　どうしても顔が暗く映ってしまうのであれば、**オンラインミーティング用のリングライト**を準備しておいたほうがいいでしょう。

　あげ始めるとキリがありませんが、オンラインでのプレゼンは、オフラインでのプレゼンよりも、画面越しという距離感があり、提案を自分ごととして捉えてもらうのが難しくなります。

　ただ、相手にあなたの想いや熱意を伝え、次の行動に繋げてもらうというプレゼンの目的は変わりません。

　オンラインの際にできること、できないことを理解し、どのように工夫したらプレゼンが相手にわかりやすく届くのかを考えて、日々改善していきましょう。

カメラ目線を意識する

目線はできるだけ
カメラに向ける

画面を見ると
うつむいて見えてしまう

表情を意識する

目線や表情から
緊張や焦りが伝わらないように

リモートの場合、映っている距離は近くても、
温度感は伝わりにくいことを理解しておこう！

ここがポイント！

**オンラインでのプレゼンは、オフラインの場合とは
注意すべき点が異なることに気をつけよう**

自分がプレゼンしない資料は、
プレゼンターにプレゼンしよう

　私は代理店時代、営業からの要望に応じて、大量の資料を作っていた時期がありました。

　夜中に営業からオリエンテーションが行われ、「明日提案したいから、資料の作成を今晩中にお願いね」といった、今ではいろいろと問題になりそうな依頼が日々行われていました。

　このスケジュールだと、徹夜して資料を仕上げ、翌朝までにメールで営業に送り、クライアントへの提案に間に合わせることになります。

　しかし、この流れで提案を行った案件の通過率が、あまりよくなかったのです。タイトなスケジュールではあるものの、資料自体はきちんと考えて作っていますし、決して手も抜いてはいません。それなのになぜか決まらない。

　資料というものは、どんなに時間をかけても、選ばれなければ価値はありません。私がただ無駄に徹夜しただけになってしまいます。

　そこで、「これでは作り損だ」と思い、理由を探るために営業にお願いして、徹夜明けにそのまま、クライアントへの提案に連れていってもらいました。

その結果、「決まらない原因」がわかったのです。

　原因は、**「営業が提案資料の内容を十分に理解できていない」**ことにありました。前日の深夜に依頼され、私が徹夜して資料を作り、朝一で提案するという流れなので、営業がその資料を十分に理解できておらず、正しくクライアントに提案できていなかったというわけです。

　私自身、徹夜して資料を作ると、どうしても資料が仕上がる翌朝には疲れ果ててしまいます。そのため、「どんな意図で資料を作り、どう提案してほしいのか」ということを、営業にしっかりと説明できていなかったのです。

　こちらがどんなに一生懸命に資料を仕上げても、クライアントに説明をする営業が内容を理解して、100%の説明ができなければ、決まる案件も決まりません。
　「せっかく徹夜をして仕上げたのだから、ちゃんと読んだうえで提案して欲しいなぁ」——というのが正直な気持ちですが、そんなことを言っても仕方がありません。

　それからというもの、自分の作った資料は自分で提案するか、代わりに資料を作ったものは、提案前に営業をつかまえて、必ず「こんな意図で資料を作ったので、こんなふうに伝えて欲しい」という細かい説明を徹底しました。

　その結果、全然決まらなかった徹夜の提案資料も、決定する確率が上がっていったのです。

この例からもわかる通り、**ただ資料を作って渡すだけでは、相手に正しく提案の意図は伝わりません。**

　見るだけですぐに伝わる資料が一番いいのですが、文字情報だけでは限界がありますし、その仕事に対する熱意も資料だけではなかなか伝わりません。

　その資料について一番理解している人は、作った本人以外ありえません。

　もし、自分でプレゼンをしない資料を作ったときには、必ずその資料の提案内容や込めた想いをプレゼンターにプレゼンする意識を持っておきましょう。

　自分が資料作成に注いだ時間を無駄にしたくなければ、最後まで手を抜かず、提案相手に資料の意味を正しく伝える準備をしておかなければならないのです。

第 **7** 章

YESを引き出す
「クロージング」の方法

クロージングの３つのプロセス

① クロージングの
必要性の理解

② なるべく早い
クロージング

③ 決定事項と
タスクの共有

なぜ、クロージングが必要なのか？

さて、第6章まででは、資料のまとめ方から実際のプレゼンの方法までを解説してきました。

最後の第7章では、提案のその後を決定づける、**「クロージング（成約をあと押しする作業)」** について学んでいきましょう。

提案を終えたら、必ずクロージングまで行うべきです。

資料を作ってプレゼンまでこぎつけたとしても、提案から次のアクションが生まれなければ、全く意味がありません。

提案を終えて得られる解放感と達成感は、自己満足でしかありません。

本来の目的は、提案を終えたその先にあるのです。

プレゼンが終了したら、必ずその日のうちにクロージングを開始しましょう。

「提案したけど結果を聞くのは怖い」「相手から連絡が来るだろう」──。

そんな気持ちになるのもよくわかります。実際、私も新人の頃はそうでした。

「まだ相手は検討中かもしれないし、焦って問い合わせたら、逆に印象を悪くしてしまうのではないか？」──。

そんな不安な気持ちで結果待ちをしていたものです。

しかし、結論から言うと、**提案した後にひたすら待つという行為は、結果に何もプラスの作用を与えません。**

新人時代の数々の敗戦を経て、私はこの姿勢は間違っていると気づきました。

　あなたがどれほど時間をかけて資料を作り、プレゼンを準備しても、決裁者にとっては日常の業務の1つにすぎません。

　そう、あなたの提案について一番考えてくれる人は、あなたしかいないのです。

　もし、何もクロージングを行わなければ、提案に関する記憶は決裁者の中でどんどん薄れ、日々の仕事に埋没してしまうことでしょう。

　ここで1つ、覚えておいていただきたい有名な実験があります。

　ドイツの心理学者、エビングハウスが記憶に関する実験で発見した、**「忘却曲線」**というグラフです。

　彼の研究によると、**人間は学習後20分間で「42%」、1時間後に「56%」、1日後には「74%」を忘れてしまう**ことが証明されました。

　つまり、プレゼンの後に丸1日結果を待っているだけで、相手は提案の7割がたを忘れてしまっているのです。

　だからこそ、少しでも印象に残っている当日中に、クロージングを始めることが重要だということです。

　人はすぐに忘れてしまう生き物ですが、一方で、**「反復」**を通して記憶に定着させることが得意な生き物です。

　カナダのウォータールー大学の研究では、**「24時間以内に10分間復習すると、記憶は100%戻る」**ということが明らかになっています。

　提案の翌日にたった10分間、再度ヒアリングするだけで、しなかった場合よりも1日記憶が長持ちするということです。

提案の可否を後日検討する場合では、この「1日の差」が大きく決定を左右します。

　なお、私はここで「相手に反復させる」と強調してきました。
　これが意味することは何でしょうか？
　答えは、**「クロージングは必ずしも結果を迫る必要はない」**ということです。

　これから詳細を解説しますが、まずは**「提案へのフィードバックを、何かしらの形で当日または翌日にもらう」**という習慣をつけることをオススメします。

　提案の通過する、しないに関係なく、**提案のよかった点、悪かった点について率直な感想がもらえるのは、相手がきちんと覚えている数日だけ**です。
　もし決定に至らなかったとしても、ここで相手からフィードバックを受け、今後のバネにすることができたら、あなたの資料作成とプレゼンのスキルは大きく伸びること間違いなしです。

　それでもなお、「クロージング」と聞くと、「こちらから決定を迫る」ものだという思い込みから、抵抗感を持つ人がいるかもしれません。
　そこで、次項目からは**「いかに自分も相手も負担なく、クロージングをするか」**ということについて解説していきます。

　この工程を意識して繰り返していけば、きっとクロージングが得意になるはずです。できるところから1つずつ実行していきましょう。

クロージングは時間との戦いだ！

エビングハウスの忘却曲線

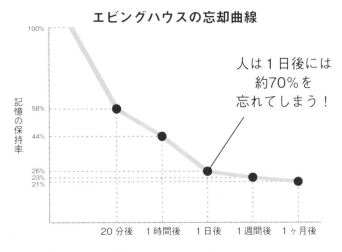

人は1日後には
約70％を
忘れてしまう！

24時間以内に確認して、思い出してもらおう！

提案についての
記憶を定着させる

フィードバックが
今後の糧となる

先日のプレゼンの
議事録です

ここの根拠を
もっと具体的に…

ここがポイント！

提案後24時間で、相手は内容の70％を忘れてしまう

プレゼン後にYES or NOを確認する

　それでは、ここから具体的なクロージングの方法を見ていきましょう。
　まず、オーソドックスなプレゼンでは最後に、「ご清聴ありがとうございました」で締めくくることが多いと思います。
　しかし、これはとてももったいないことです。意識していただきたいのは、**「提案」と「決定」はセット**だということ。まず、プレゼンの最後には必ず、**「本日の提案事項のまとめ」**を行うようにしましょう。

　ここでは、提案内容を再度確認し、実行する/実行しないをYES/NOで確認するようにしてください。この「まとめ」でプレゼンを振り返ることにより、提案を相手の記憶により定着させることができます。

　また、このYES/NOにもテクニックがあります。
　それは、**「提案した内容を細かくチェックリストにし、相手が判断しやすい状態を作っておく」**ということです。
　よく**「イエスセット話法」**などと呼ばれますが、人は何度も「YES」を繰り返すと、続く質問にも「YES」と答えてしまうものです。

　そこで、**まとめをする際には、ぜひYESと回答しやすいものを最初に多く盛り込んでおきましょう。**

　確認する際も、これはYESだろうというものには、「YESでよろしいですね？」と誘導しながら確認し、相手から多くのYESを引き出してください。

そしてまとめが終盤になるにつれ、YES/NOをすぐには判断できないという確認事項が発生してきます。その場合は敏感に空気を察知して、**相手からNOが出る前に、こちらからペンディングを提案**しましょう。

「これは今すぐ決めるのは難しいかと思いますので、〇日までご検討いただくという形でいかがでしょうか」と締め切りを設けて、相手に**「いつまでに決めてくれ」**というボールをパスしてしまってください。そして、その締め切りに関しては必ずYESをもらうようにするのです。

　NOを少なく、YESの多い状態でプレゼンを終えることで、提案自体がいいものだったと印象づけられます。
「まとめ」で提案内容の確認をとるというのは、簡単かつ効果の大きいテクニックなので、ぜひ活用してみてください。

「本日のまとめ」でもう一押し

人は「すぐに忘れる」生き物だとお伝えしましたが、さらに、**「何か
を決断することを嫌がる」**生き物でもあります。

　数々の研究の中で、人は「決断」を下すまでに多くのエネルギーを消
費することが明らかになっています。
　特にビジネス上の契約など、重要な決定であればあるほど、その決定
に費やすエネルギーは膨大なものになります。
　私はこれまでアジア圏での仕事を経験してきましたが、日本人は特に
その傾向が強いように思います。
　そして、プレゼンの最後に確認すべき項目に締め切りを設けられない
とどうなるか？

　**決裁者は「締め切りが定まっていないこと」に胡坐をかき、決定を先
送りにしてしまうでしょう。**

　ただ決めるだけでもストレスなのに、「いつまでに決めよう」という
タスクまで決裁者側に委ねてしまうと、相手に対してさらに大きなスト
レスを与えてしまいかねません。

　それであれば、提案を終えた最も記憶がはっきりしている状態で、決
められる内容については即時に判断してもらったほうが、提案者にとっ
ても、決裁者にとっても、余計な面倒がなくてすむはずです。

　決定を先延ばしにした項目についても、締め切りを決める作業だけは、
必ずこちらから切り出すようにしましょう。

本日の提案は十分に
ご理解いただけましたか?

はい

何か1つでも試してみたい
商品はありましたか?

はい

しかし、導入されるかは
正直悩まれていますよね?

はい

半年間お試しキャンペーンも
行っておりますが、いかがでしょう?

……

それでは、〇月〇日まで
ご検討いただく形でどうでしょう?

はい

ここがポイント!

決められることはその日に決め、
決められないものは締め切りを設ける

プレゼンを終えたら「議事録」を送る

　プレゼンのまとめとしてのクロージングを終えたら、必ず**「議事録」**をメールなどで送って、返事を求めましょう。

　こんなことを言うと、「プレゼンをしながら議事録をとるのは難しい」という意見もあると思います。
　ご安心ください。2人以上でプレゼンに臨むときは、どちらかに議事録担当を割り振り、1人の場合はスマホなどで録音の準備をしておけばいいのです。

　議事録には**「記憶に残す」「証拠を残す」**という2つの側面で、重要な働きがあります。
　先ほども触れましたが、人は1日経つと提案の約70%を忘れてしまいます。これを防ぐためにも、議事録で復習を促し、記憶に再度定着させる工夫が必要なのです。

　なお、議事録は自分のためにも作っておくべきです。
　なぜなら、1日経てば提案した自分ですら、プレゼンでどんなやりとりをしたか、正確には覚えていないからです。

　また、議事録で相手に事実確認をしてもらうことには、のちのち起こりうる、「言った／言わない」という不毛な言い争いを防ぐ役目もあります。
　必ず議事録を確認してもらい、返信をもらいましょう。

私の場合は提案終了後、**当日中**に議事録を送ります。

　そして翌朝にお礼の電話をかけ、議事録について触れ、**「内容に間違いがないかご確認いただき、簡単でいいのでご返信ください」**というお願いをしています。

　社内でのプレゼンであれば、提案した上司や役員のところへ直々に伺って、プレゼンのお礼と簡単なヒアリングをさせてもらい、記憶に残してもらえるよう印象づけを行いましょう。

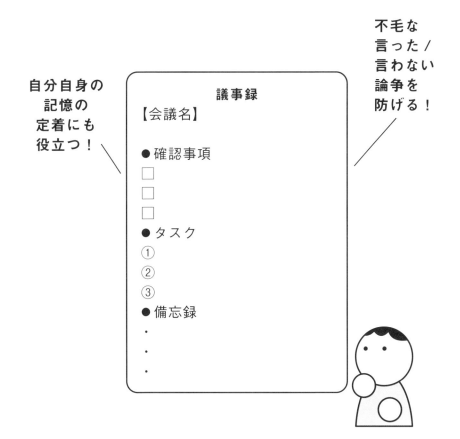

議事録を送るメリット

不毛な
言った／
言わない
論争を
防げる！

自分自身の
記憶の
定着にも
役立つ！

議事録
【会議名】

●確認事項
□
□
□
●タスク
①
②
③
●備忘録
・
・
・

また、議事録を送り、メールや電話で確認するやりとりには、さらにプラスの効果があります。

　そうです。本書でたびたび触れてきましたが、**人は接触回数が増えるほど、その相手に対して好印象をもつ傾向があるからです。**

　特に、普段なかなか会えない人だと、そもそも会う回数を増やすのが大変です。しかし、実際に会わなくても接触頻度を上げることで、一定の効果が狙えます。

　その意味でも、流れとして違和感なく接触頻度を上げられる「議事録」とその「確認作業」は積極的に利用しておくべきでしょう。

　さらに、ただ業務連絡として送るのではなく、**「お礼のあいさつ」**と一緒に議事録を送れば、開封率も高くなる可能性があります。

　また、複数の企画の中から1つを選ばなければならないコンペ形式の場合、提案の良し悪しだけで採用が決まることはまれと言っても過言ではありません。どの提案にもいい点・悪い点があって、単純に「1つだけ秀でている」というケースは少ないからです。

　そうなると、次の決定要因は**「誰」に任せたいか**という点になります。

　そして、ここで判断に大きく関わることが、**「どれだけ相手との接触を増やしたか」**ということなのです。

　そのためにも、プレゼンの後も気を抜かずに接触頻度を高め、相手との信頼度を上げていきましょう。

　提案のクオリティも大切ですが、メールや電話を通じて提案を覚えてもらいながら、こちらの熱意をしっかり相手に理解してもらうことが重要です。

先ほどは
ありがとうございました。

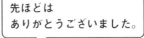

結果の連絡
まだかなぁ…

こちらはその議事録です。
簡単なヒアリングと、
フィードバックを
いただいても
よろしいでしょうか？

待つだけでは、何も
プラスになることはない

ちょっとした接触が
好印象に繋がる

第7章　YESを引き出す「クロージング」の方法

ここがポイント！

議 事 録 を 使 っ て 提 案 内 容 を 確 認 し 、
信 頼 度 ア ッ プ に 繋 げ よ う

議事録を書く場合の注意点

さて、本書も終わりに近づいてきました。

最後に、「次の行動に繋げやすい議事録の書き方」についてポイントをまとめておきます。

議事録の主な役割は「タスク化」と「備忘録」です。

日々の業務に追われる中で、提案した相手は、まだ決定していない提案のことを優先的には考えてくれません。

しかし、「**今後のタスク**」を送ることで、その「決定」までのわかりやすい導線を確保することが可能になるのです。

まずは何より、忙しい相手にも読んでもらわなければなりません。したがって、内容はシンプルで明確なことが望まれます。場合に応じて補足説明も必要ですが、基本的には「**箇条書き**」がオススメです。

また、記載する並びは上から「**確認事項**」「**タスク**」「**備忘録**」という順にしておくといいでしょう。

残念ながら、議事録を送ったところで、多くの人はきちんと読んではくれません。最後までしっかりと読んで、意見してくれることはめったになく、ほとんどは全体をざっと読む程度です。

そのため、「相手に確認してもらいたいこと」「相手に動いてもらいたいこと」「判断してもらいたいこと」を、まずは「**確認事項**」として目立つところに記載します。

当日にYES/NOが決まっている内容も、忘れることのないよう、結果を明確に記載して、その後の工程に移ることを記してください。

そこから**「タスク」**が生じてきますので、しっかり自分と相手の「タスク」を割り振って、箇条書きにしておきましょう。

なお、当日YES/NOの判断がつかず、また後日判断を仰がなければいけない項目は、必ず**「回答の締め切り」**を明記しておきます。

議事録に締め切りを明記しておくことで、相手からの返信がこない場合に、確認の連絡を入れる理由になります。

期限が過ぎても回答がなかった場合では、相手にちょっとした貸しを作ることができますので、新たに設定する締め切りの拘束力が上がります。

確認事項・タスクの例

議事録

会議名：出版mtg
日時　：○月○日
参加者：亀谷、田中、山田

確認事項
□入稿スケジュールの確認
□プロモーション内容確認のお願い

タスク
□初稿チェック　○月○日まで（亀谷）
□図版チェック　○月○日まで（田中）
□コラム修正　　○月○日まで（亀谷）

備忘録
・
・
・

「タスク」の確認が終わったら、最後は内容に関する**「備忘録」**です。

　こちらも要点をまとめた箇条書きで構いません。

　しかし、セミナーなどで、「備忘録をまとめると、量が多くて数ページにわたってしまう」という声もよく聞きます。

　大切なことは、**「自分と相手にとって記憶に残しておかなければならないこと」**をピックアップすることです。

　たとえば、質疑応答のやりとりで出てきた数字や条件など、記録しておかなければ忘れてしまいそうなものは必ずメモし、議事録に反映するクセをつけましょう。

　最後に、これは上級テクニックになりますが、**「備忘録」は、事実とは異ならない形で、自分の求める内容に寄せて書くことも可能です。**

　これは、議事録作成側にとっての大きなメリットです。

　繰り返しになりますが、相手は提案内容の大部分を翌日には覚えていません。相手が議事録を見返して、記憶を補完するときに、こちらの通したい要求が通りやすくなるような仕掛けをしてみましょう。

　その後、相手の感想をヒアリングしたときに、こちらが求めているものと相手の求めているものとの距離感がわかってきたら、より効果的にクロージングから次のアクションまで近づけることができます。ぜひ試してみてください。

①提案内容の約70%を
　相手は翌日には忘れてしまう

②プレゼン時に話せなかった、
　または欠けていた内容があれば、
　さらっと議事録に入れておく

備忘録にそれとなく
書いておこう

③後日、プレゼンで触れていた
　かのように補足して、
　次のアクションを円滑にする

第7章 YESを引き出す「クロージング」の方法

ここがポイント！

「確認事項」「タスク」「備忘録」を明確にして、
次の行動に繋げやすい議事録を考えよう

実践＆経験を積めば、通過率100％も夢ではない！

　最後までお付き合いいただき、ありがとうございました。

　資料作成＆プレゼンにおいて、まずは最低限、押さえておいてほしいと思うことを、一通り書き出しました。
　すでに知っていたこと、実践していたこともあったかもしれませんが、この本を通じて**「提案という一連の流れ」**について、あなたの俯瞰的な理解が少しでも深まれば嬉しく思います。

　提案や報告作業に追われていると、どうしても目の前の作業にばかり集中してしまいます。しかし、こうした作業は多くのタスクでできています。まずは俯瞰的に作業を理解したほうが、あなたの作業効率は大きく改善されるはずです。

　そして、**作業の全体像と基礎的なノウハウがわかったら、後は自分の状況に合わせてどんどん実践していってください。**

　正直な話、私自身、本書を読むだけでは何の意味もないと思っています。なぜなら、それぞれの環境によって作る資料、提案すべき内容、プレゼンのやり方は全く異なるからです。この本に書いてあることが使える場合もあれば、使えない場合もあるでしょう。

　資料作成もプレゼンも、本を読んだだけでは、あなたの技術が大きく改善されることはありません。この本はあくまでも、やり方や考え方を

書いているだけです。

　まずは大きな流れを理解して、あなたの環境で何が使えるのかを考える必要があります。そして、実際にこの本の流れを理解した後は、**いろいろな依頼に対応し、提案を行うなどの練習を繰り返すことで、あなたの技術を自分自身で磨く必要があります。**

　いきなり仕事で使おうと思わなくても大丈夫です。自分がやりたいことを想像して、誰にどう伝えれば次に繋がるのかを考え、資料にまとめてみるだけでもいい練習になります。

　音楽でもスポーツでもそうですが、自分が頭の中で考えている通りに、現実で実行するためには日々の**基礎練習**が欠かせません。

「資料作りをし、プレゼンをし、その結果をヒアリングして次に活かす」という作業を繰り返すことは、自分が考えていることを相手に正しく伝えるための基礎練習だと考えましょう。

　　・相手に自分が伝えたいことを理解する
　　・相手のことを理解する
　　・相手が使う時間を考える
　　・相手の脳の許容量を考える
　　・相手に判断を促す

　資料作成もプレゼンも、**「相手に対して自分の伝えたいことをどう伝えるか」**というビジネスにおけるコミュニケーションです。

　自分のことを理解し、相手のことも理解できれば、難しいことは何も

ないはずです。

　まずは1対1のコミュニケーションから始め、慣れてきたら1対複数のコミュニケーションへと、理解の規模を広げていきましょう。

　初めのうちは、うまくいかずに苦しむこともあるかもしれません。ただ、私もそうでしたが、社会人は全員そういう時期を乗り越えて働いています。

　自分の考えることがなかなか相手に伝わらずに、試行錯誤する時期が誰にでもあるのです。将来に向けてあきらめずに、まずは資料作成、プレゼンの**数をこなすことから始めてみてください。**

　あなたが基礎を固めながら正しい経験を積むことができれば、その経験はスキルだけではなく、あなたの「信頼貯金」も増やしてくれることでしょう。

「信頼貯金」が貯まれば、あなたに依頼したいという仕事が指名で来るようになります。そうすれば説明用の資料を作る枚数は減りますし、プレゼンで説得せずとも、「あなたなら間違いない」と選んでいただけるようになります。

　そうなれば、**決定率100%を目指すことも夢ではありません。**より自分のやりたいことができる環境を手に入れることができるでしょう。

　これからの時代、人工知能や機械に代替されて、今ある仕事の約50%が消滅すると言われています。しかし、人工知能や機械はプログラムされた作業の代替はできても、自分で考えて「0⇒1」を生み出す作業はできません。

　つまり、**人が考える作業だけはなくならない**ということです。

　資料作成＆プレゼンという基礎的なビジネススキルを磨き、頭の中に

あるアイデアをアウトプットし、相手に伝える精度を上げて、あなたが考える新しい価値を、どんどん世の中に送り出していってください。

　本書を手に取り、最後まで読んでいただけたあなたが、仕事を通じてスキルを高め、自分の夢を実現していくことを心から祈っております。

　最後になりましたが、本書の作成にあたり、今まで私に提案する機会をくださったクライアントの皆様、いっさいの甘えを許さずに鍛えていただいた仕事の先輩方、お声がけいただいた出版社の皆様、そしてここまで読んでいただいたあなたに感謝の言葉を残して、本書を終えたいと思います。

　本当にありがとうございました。

株式会社はこ　亀谷誠一郎

通過率 84.6% のプロが教える

資料作成 & プレゼン大全

2021 年 10 月 31 日　　初版発行

著　者‥‥‥‥亀谷誠一郎

発行者‥‥‥‥塚田太郎

発行所‥‥‥‥株式会社大和出版

東京都文京区音羽 1-26-11　〒112-0013
電話　営業部 03-5978-8121 ／編集部 03-5978-8131
http://www.daiwashuppan.com

印刷所‥‥‥信毎書籍印刷株式会社

製本所‥‥‥ナショナル製本協同組合

装幀者‥‥‥岩永香穂（MOAI）

ⒸSeiichiro Kametani 2021　　Printed in Japan
ISBN978-4-8047-1884-2